中公新書 2619

小山聡子著

もののけの日本史

死霊、幽霊、妖怪の1000年

中央公論新社刊

まえがき

この世をば我が世とぞ思ふ望月《もちづき》の欠けたることもなしと思へば
（この世は私のためにあるようなものです。満月のように完璧であり、足りないものは何もありません）

自信に満ちあふれたこの一首は、時の権力者、藤原道長《ふじわらのみちなが》（九六六～一〇二七）によるものである。孫の後一条《ごいちじょう》天皇に三女威子《いし》を入内《じゅだい》させ、まもなくして威子は女御《にょうご》から中宮《ちゅうぐう》へと昇った。その儀式ののちに行われた宴会の席で、この一首を詠じたのである。このとき、長女の彰子《しょうし》は太皇太后《たいこうたいごう》、次女の妍子《けんし》は皇太后であった。

ただし、これほどまでに栄華を極めた道長は、周囲の貴族から怨《うら》みや嫉《ねた》みも大いに買っている自覚があった。その上、病気がちで精神的に脆弱《ぜいじゃく》だったこともあり、非常にモノノケを恐れていたのである。

古代におけるモノノケは、漢字では物気《もののけ》と表記し、多くの場合、正体が定かではない死《し》霊《りょう》の気配、もしくは死霊を指した。モノノケは、生前に怨念をいだいた人間に近寄り病気にさせ、時には死をもたらすと考えられていたのである。

道長がモノノケによってしばしば錯乱状態に陥っていたことは、同時代の貴族の日記から知ることができる。しかし、道長の日記『御堂関白記《みどうかんぱくき》』にはほとんど記されていない。人一倍モノノケを恐れていたために書きとどめることも憚《はばか》ったのだと考えられる。

生命を脅《おびや》かす恐ろしい存在にはなんらかの対処をせねばならない。古代には、僧が祈禱《きとう》により調伏《ちょうぶく》することが一般的だった。道長は、モノノケの調伏を僧に委ねるだけではなく、自ら自分の手足をバシバシと打って周囲のモノノケを制そうとしたり、娘が危篤に陥ったときには自ら率先して調伏したりすることもあった。

モノノケは、道長以外の貴族にとっても、恐ろしい存在であった。彼らは、モノノケに右往左往しながら生きていたのである。ちなみに、庶民とモノノケの関わりについては、史料的な制約があり、不明な点が多い。

現在、モノノケというと、映画、アニメ、漫画などの影響で、神の類や妖怪を思い浮かべることが多いのではないだろうか。ところが、現代のいわゆる「もののけ」は、古代の貴族が恐れていたモノノケとは、全くの別物である。

では、そもそもモノノケは、どのような経過をたどって、現代に伝わったのだろうか。これまで、古代、中でも『源氏物語《げんじものがたり》』のモノノケばかりが論じられてきており、その他の時代については見過ごされてきた。また、モノノケの歴史を扱っているかのように見える書籍も、言葉を厳密に区別せず、「物気」あるいは「物の怪《もののけ》」とは書かれていない霊、妖怪、幽霊、怨霊《おんりょう》、化物《ばけもの》の類まで含めてモノノケとして捉えて論じてきた傾向がある。しかし、それでは、モノノケの本質を明らかにすることなどできないだろう。

そこで本書では、史料に基づき、モノノケと幽霊、怨霊、妖怪を区別して述べる。まず、古代の霊魂観がいかなるものであり、モノノケがどのように畏怖されはじめ、さらには中世を通じていかに対処されてきたのかを具体的に明らかにしていく。近世になって、モノノケは、幽霊などと混淆《こんこう》して捉えられるようになる。現在イメージするモノノケのはじまりと見ていいだろう。そこで、中世の幽霊についても説明し、近世におけるモノノケ観の展開について考察する。そして、近世を経てどのように近代、さらには現代に至っているのか、明らかにしていきたい。

序章では、まず古代の霊魂観について述べる。古代には、霊魂は体からしばしば抜け出ては帰ってくるものだと考えられており、霊魂が体に戻れない状態になると死が訪れると考えられていた。体から抜け出た霊魂は、往生できない場合には、しばしばモノノケとして病や死をもたらすとされ恐れられていた。後にモノノケと混同されるようになっていく幽霊、怨霊、物怪、妖怪と比較して論じることで、古代のモノノケの姿を浮かび上がらせたい。

第一章では、モノノケを恐れた古代の貴族による対処方法について明らかにする。死霊は、神に通じる面を持ち、現世に生きる人間に大きな影響を及ぼすとして畏怖されただけでなく、人殺しを依頼されるなど、人間の都合の良いように利用されることもあった。そこで、人間と死霊との関係についても考えてみたい。

第二章では、僧が祈禱によってモノノケを退散させる手順を具体的に明らかにする。さらに、囲碁や双六《すごろく》、将棋によってモノノケ退治が行われるようになるなど、手段が多様化する点についても注目する。このような変化は、モノノケを原因とする病をより確実に治していくために模索された結果によるものである。少なくとも中世前期までは、モノノケは病をもたらす実に恐ろしい存在であった。中世後期でも、前期ほどではないにしろ、依然としてモノノケは病気の原因の一つであり続けた。ただし、治療の方法には、変化を確認でき、治療法からモノノケ観が垣間見《かいまみ》える。

第三章では、中世の幽霊がいかなるものであったかを明らかにする。近世になるとモノノケと幽霊は混同されるようになり、現代の幽霊は古代・中世のモノノケの性質を継承しているため、幽霊に紙幅を割《さ》く。現在、幽霊というと死霊を指すが、実は中世では死者や死体そのものも幽霊であり、人間に祟《たた》る性質は持たなかった。つまり、モノノケとは全く異なる存在であったのである。それが近世になると、幽霊はモノノケと混同されるようになり、祟る性質を持たされるようになる。そこで本章では、中世の幽霊を扱い、同じく死霊であるモノノケとの違いについて考えてみたい。

第四章では、近世になり祟る性質を持つ幽霊が多く登場すること、いわば幽霊のモノノケ化を、霊魂観の変遷に触れながら、具体的な事例を示して述べる。近世には、モノノケ、幽霊、怨霊、妖怪、化物が混淆して捉えられるようになり、前代のようには恐れられなくなっていく。モノノケは、対処を必要とされるものではなくなり、主に文芸作品で語られる対象となっていったのである。本章では、『稲生物怪録《いのうもののけろく》』などを分析し、娯楽の対象とされるようになったモノノケについて述べる。

第五章では、まず、明治政府が文明開化を推進しようとするなか淫祠《いんし》邪教《じゃきょう》や迷信の否定がなされたことを述べる。西洋文化の流入とともに、モノノケや妖怪、幽霊がどのように語られるようになったのかを見ていく。

終章では、マイノリティの象徴とされたり、自然を守る神とされたり、キャラクター化されたりして関心を集めるようになるなど、モノノケ像が大きく転換したことを、文芸作品や映像作品などをもとに述べる。

生きとし生ける者には、必ずいつの日か死が訪れる。限られた命である以上、どれほどに科学が発達したとしても、死や死者に対する恐れは、決して消えはしない。そもそもモノノケへの畏怖は、死へのそれと不可分の関係にある。本書では、モノノケの系譜を明らかにすることを通して、とりわけモノノケを死霊と見なしていた古代・中世の日本人がどのように死や死者に対する恐怖を超克しようとしてきたのかという点や、いかにして死者と良好な関係を保とうとしたのかという点、各時代における日本人の心性についても迫りたい。

なお、本書では、基本的には時系列に沿ってモノノケの系譜をたどっている。ただし、前述のように、モノノケと幽霊は古代・中世の段階では区別して捉えられていた。そこで読みやすさを考慮し、時代が重なる部分はあるものの、あえてモノノケと幽霊の章を別にもうけた。また、同様の理由から、表題以外は、基本的に片仮名で「モノノケ」と表記している。前近代の史料は一部を除き著者による現代語訳で示しており、史料を引用する場合には適宜ふりがなを付した。全体の史料についても、読みやすさに配慮し、適宜句読点を補った。なお、文中で引用した著書や論文の詳細については、「主要参考文献」をご覧いただきたい。

目次

序　章　畏怖の始まり

肉体と魂

古代において、モノノケは正体の分からない死霊、もしくはその気配を指すことが多かった。そこでまず、死霊について確認しよう。

古代の日本では、人間は肉体と魂（霊）から成っていると考えられていた。死とは、魂が肉体から離れ、帰れなくなった状態を意味した。これは、古代の日本に限ったことではなく、古代エジプトや古代ギリシャでも同様である。

また、日本の霊魂観に大きな影響を及ぼした中国でも、人間は肉体と魂から成っていると考えられており、精神的なショックを受けた時や恋をした時、疲労困憊《こんぱい》した時などにも、一時的に魂は体から離れ浮遊するとされていた。中国では、脳に魂が宿り、頭の泉門《せんもん》から魂が抜け出ていくと考えられていた（大形徹『魂のありか――中国古代の霊魂観』）。遊離した魂を放置すると死が訪れるので、魂を体の中に戻す必要がある。たとえば、楚《そ》の政治家で詩人の屈原《くつげん》（前三四三頃〜前二七七頃）の『楚辞《そじ》』には、「招魂《しょうこん》」という詩がある。そこでは、失脚して憔悴《しょうすい》した屈原の離散した「魂魄《こんぱく》」を、巫女《みこ》が呼び戻そうとしたことが謡《うた》われている。

さて、日本最古の勅撰《ちょくせん》の歴史書『日本書紀《にほんしょき》』二九にも、魂についての記述があり、天武《てんむ》天皇（?〜六八六）が病に倒れたとき、寺々で誦経《ずきょう》をさせたり、煎薬を献上させたりしたほか、「招魂《みたまふり》」も行わせたとされている。「招魂」は、病を患い遊離しやすい状態になっている天皇の魂を、その体に引き留《とど》めようとして行われた。

死後に魂を呼びよせて蘇生《そせい》させたとする事例もある。『日本書紀』一一によると、大鷦鷯《おおさざきの》尊《みこと》（のちの仁徳《にんとく》天皇）が、弟である皇太子菟道稚郎子《うじのわきいらつこ》が自殺したと聞き、馳《は》せ参じた。到着したときには、すでに死から三日が経過していた。

大鷦鷯尊は、胸を打って悲しみ慟哭《どうこく》されて、なすすべもないままに、髪を解《ほど》いて遺体に跨《またが》って、三回呼ばれて、「我が弟の皇子《みこ》よ」と仰《おっしゃ》った。すると、ただちに菟道稚郎子は生き返られ、自分で起き上がられた。

その後、問答ののち、再び菟道稚郎子は息を引き取ることになる。大鷦鷯尊の行為は、招魂の呪法である。魂は、死後においても、遺体が腐乱する以前であれば呼び戻すことができる、と考えられていたのであった。
魂が遊離する原因は、病ばかりではない。中国と同様、恋によっても遊離すると考えられていた。たとえば、『万葉集《まんようしゅう》』一四には次のような歌がある。

筑波嶺《つくばね》のをてもこのもに守部《もりへ》据ゑ母い守《も》れども魂《たま》そ合ひにける（三三九三）

筑波山のあちらこちらに監視者を置くように母親が見張っているけれど、恋する二人の魂同士はもうあってしまったよ、というなんともロマンチックな内容である。遊離する性質は、便利な場合もあるのである。

死者の居場所

では、死後に霊魂はどこへ行くと考えられたのだろうか。『万葉集』などには、仏教の浄土への往生に関する記述をほとんど確認することができない。『万葉集』が編纂《へんさん》された八世紀には、いまだ死後の世界観に仏教が大きな影響を及ぼしていなかったのだろう。『古事記《こじき》』や『日本書紀』では、天皇やそれ以外の皇族の死を示すときに用いる「崩」という字を、しばしば「カムアガル」（神上がる）と訓《よ》んでいる。つまり、高貴な人物は死後に天上に昇ると考えられていたことになる。

一方、天皇の系譜をひかない人々は、天上に昇っていくとは考えられていなかった。『万葉集』には、火葬による煙から、雲や霧を霊魂として詠《よ》む歌もある。しかし、それらはあくまでも空中を漂うのであり、天上に昇りはしない。なお、古代には、死後、山や海の彼方《かなた》に行くともされ、これらを、山中他界観（山上他界観）、海上他界観という。

また、『古事記』と『日本書紀』にある伊弉諾尊《いざなぎのみこと》と伊弉冉尊《いざなみのみこと》の話も興味深い。伊弉諾の妻の伊弉冉は、火産霊《ほむすひ》を出産したときに子に焼かれて「神退《かむさ》」った。その後、伊弉諾は伊弉冉を追って、黄泉《よみ》の国に入り追いついた。ところが、伊弉冉から「決して私を見ないでください」と言われたにもかかわらず火を灯《とも》し、蛆《うじ》がたかったおぞましい伊弉冉の遺体を見てしまったのである。伊弉冉の激しい怒りを買った伊弉諾は、必死で逃げ帰った。要するに、伊弉諾は、行きも帰りも歩いた（もしくは走った）ことになる。足で行ける場所に黄泉の国はあるとイメージされていたことになるだろう。

このように霊魂は、天上に昇ったり、地続きの黄泉の国に行ったり、時には山や海の彼方に行くと考えられていた。ただし、霊魂はそれらの場所へ行っても、時には帰ってくるとも考えられていた。たとえば、承和《じょうわ》七年（八四〇）に成立した勅撰の歴史書『日本後紀《にほんこうき》』延暦《えんりゃく》一八年（七九九）三月一三日条では、菅野真道《すがののまみち》らが、河内国丹比郡《かわちのくにたじひのこおり》にある先祖代々の墓地にあった樹木を、樵《きこり》が集まってきて勝手に伐採してしまったため、「先祖幽魂」が永久に帰る場所を失ってしまったと嘆き、これを禁じるよう訴えた記事がある。つまり魂は、墓地に留まるのではなく、周辺の樹木を目印に降臨するとも考えられていたことになる。

そもそも古代中国では、霊に関して魂《こん》と魄《はく》という二元的な把握がなされていた。たとえば、中国の現存最古の字書『説文解字《せつもんかいじ》』では魂は「陽気」であり魄は「陰神」であるとされ、儒《じゅ》教《きょう》の経典『礼記《らいき》』「郊特性《こうとくせい》」では魂は天に帰り魄は地に帰るものだとされている。さらに、孔子《こうし》編纂とされる『春秋《しゅんじゅう》』の注釈書『春秋左氏伝《しゅんじゅうさしでん》』「昭公七年」では、人が生まれる時に「魄」ができ、「陽」の「魂」がその中に入るとされており、「魄」は体を指す。つまり、魂は精神を、魄は肉体をそれぞれつかさどる霊なのである。

古代中国の魂魄の思想は、日本の霊魂観にも影響を及ぼしている。たとえば、菅原道真《すがわらのみちざね》による漢詩文集『菅家文草《かんけぶんそう》』(昌泰《しょうたい》三年〔九〇〇〕)三には、穀断《こくだ》ちをしている僧について、「今にも骨が肌を突き出るかと思われ、魂は魄から離れ昇天せんばかりである」とある。さらに、『菅家文草』八では、官吏登用試験で道真が出題した「魂魄について論ぜよ」とする課題があり、魂は精神的なものであり天に帰する一方、魄は肉体に宿る性質を持ち地に帰するものだ、とされている。ただし、官吏登用試験という国家最高試験で「魂魄について論ぜよ」とする問題が出されていたことから、この問いは実に難題だったと言えるだろう。けれども、すでに古代には、中国思想の影響のもと、魂と魄について二元的な理解があったことは間違いない。

その一方で、魂と魄を分けない用例もある。延喜《えんぎ》元年（九〇一）成立の勅撰史書『日本三代実録《にほんさんだいじつろく》』貞観《じょうがん》七年（八六五）七月一九日条には、仁明《にんみょう》天皇（八一〇～五〇）の女御となり文徳《もんとく》天皇（八二七～五八）の母であった、太皇太后藤原順子《じゅんし》（八〇九～七一）の願により、安祥寺《あんしょうじ》で「深草（仁明）田邑（文徳）両陵聖霊《しょうりょう》」と「先考先妣《せんこうせんぴ》二所魂魄」（「先考」は亡き父藤原冬嗣《ふゆつぐ》、「先妣」は亡き母藤原美都子《みつこ》）などが悟りをひらくことができるように追善供養をせよ、と「魂魄」の語が出てくる願文《がんもん》（神や仏に願を立てるとき、または仏事を修するとき、祈願の意を示した文書《もんじょ》）が記録されている。ここでは、「魂魄」について必ずしも二元的な把握はなされていない。

このように、魂魄の解釈には揺らぎがあった。

霊魂と遺骨の関係

現代には、墓参りをする習慣がある。墓前に手を合わせ、先祖に対し、最近の出来事の報告をしたり、なかなか墓参りできないことを詫《わ》びたり、時には自分に都合の良い願い事をしたりもする。

それに対して古代には、霊魂は死とともに天上や山、海、黄泉国といった他所に行くのであり、遺体（もしくは遺骨）とは分けて捉えられる傾向にあった。それだからこそ、身分階層を問わず、骨への関心は稀薄《きはく》であり、墓参りの習慣はなかったのである。庶民の遺体は、土葬も火葬もされず、そのまま地上に置いて風葬とされるのが一般的であった。一方、上級貴族は、一族の墓所に葬られることもあった。そうではあるものの、基本的には墓の整備や墓参りの習慣はなく、死後ある程度の時間が経過すると埋葬の地も明確には把握されなくなる傾向にあった。古代は、現代と比較すると、驚くほどに、遺体や遺骨に無関心な時代だったのである。

ただし、骨と霊魂は完全に分離して捉えられていたわけではなかった。たとえば、前述した『日本三代実録』貞観七年（八六五）七月一九日条では「深草田邑《ふかくさたむら》両陵聖霊」という表現から、「聖霊」は「陵《みささぎ》」、つまりは葬った場所にいると捉えられていることがわかる。

さらに、九世紀前半の仏教説話集『日本霊異記《にほんりょういき》』上―一二には、元興寺《がんごうじ》の僧道登《どうとう》が、いつも人や獣に踏まれている髑髏《されこうべ》を目にして哀れみ、従者の万侶《まろ》に命じて木の上に置かせた話がある。その後、髑髏が人間の姿をして万侶のもとを訪れ、御馳走《ごちそう》を分け与えて恩返しをし、木の上に置いて苦痛を免れさせてくれたことへの礼を述べた、とされている。つまり、この説話では、髑髏と霊魂は不即不離の関係にあることになる。

これと同様のことは、『日本霊異記』下―二七でもいえる。品知牧人《ほむちのまきひと》という者が竹藪《たけやぶ》で野宿したところ、「目が痛い」という呻《うめ》き声が聞こえてきたという。朝になって見てみると、近くに髑髏が転がっており、なんとその髑髏の目の穴からはタケノコがニョッキリと生えて貫き通していたのだった。そこで牧人は、タケノコを抜いてやり、自分の飯を供えたところ、しばらくして髑髏が生きた人間の姿になって現れて恩返しをした、という話である。この説話でも、骨に霊魂が憑《つ》いていたことになる。

また、『中右記《ちゅうゆうき》』寛治《かんじ》七年（一〇九三）一一月一七日条には、「春日《かすが》神社」とともに「深草山陵」が「鳴動《めいどう》」したとする記事がある。「鳴動」は、神などが何らかの意思を示すときに起こると考えられていた。「深草山陵」とは、仁明天皇の陵墓である。これも、骨と霊魂の結びつきを示す事例の一つだと言えるだろう。

このように、古代でも、骨と霊魂の密接な関係を示す史料はたしかにある。しかし、現代と比べると、遺体や骨への執着は少なく、霊魂と遺骨の関係は稀薄であったと言える（佐藤弘夫『死者のゆくえ』）。

モノノケの「モノ」

霊への畏怖は、死に対する恐れと密接に結びついており、実に多くの史料に確認できる。とりわけ、非業の死を遂げたり、現世になんらかの怨念を残したりして死んでいった者たちの霊魂は、祟りをなすと恐れられ、鎮魂の対象とされた。現存する史料上における「怨霊」という語の初出は、『日本後紀』延暦二四年（八〇五）四月五日条の、藤原種継《たねつぐ》暗殺事件に連座して廃太子され絶食死した早良《さわら》親王（?～七八五）の「怨霊」に謝するため、諸国に小倉の建築を命じたなど、とする記事である。社会的に大きな災いをもたらすと考えられた霊魂は、怨霊として畏怖され、鎮魂の対象とされたのである。

　さらに、一〇世紀半ばからは、モノノケが病をもたらす原因として恐れられるようになった。モノノケは漢字で表すと「物気」となる。しかしそもそも、「物」とは何だろうか。

　まず、日本現存最古の歴史書『古事記』（和銅《わどう》五年〔七一二〕完成）では、「物」は物体のみではなく、神や霊なども指す。たとえば、『古事記』「初発の神々」の件《くだり》には、「葦牙《あしかび》の如《ごと》く萌《も》え騰《あが》れる物に因《よ》りて成りし神の名は、宇摩志阿斯訶備比古遅神《うましあしかびひこぢのかみ》」（葦が芽をふくかのように吹き出し伸びるものによって成った神の名は、宇摩志阿斯訶備比古遅神）とする箇所がある。この「物」は、神を成す元、もしくはその力を指すのであり、物体を指しはしない。

　また、『古事記』「崇神《すじん》天皇」に登場する大物主神《おおものぬしのかみ》も興味深い。それによると、疫病の大流行を愁《うれ》えた崇神天皇が神託を受けるための床《とこ》でやすんでいたところ、三輪山《みわやま》の祭神「大物《おおもの》主大神《ぬしのおおかみ》」が夢に現れ、「是《これ》は、我《わ》が御心《みこころ》ぞ」（疫病の流行は私の意思によるものだ）とし、「意《お》富多々泥古《たたねこ》」に自分を祭らせれば「神の気《け》」（疫病）は起こらず、国も安らかになるだろう、と告げたという。「意富多々泥古」は、大物主の子にあたる。結局、「意富多々泥古」を祭り主とし、三輪山で大物主を拝み祭ったところ、疫病の蔓延《まんえん》は終息し国家は平安になったという。このように、大物主神は、疫神《やくじん》としての性質を持っていた。大物主の「物」には、猛威を振るう負の性質、もしくはその力という意味がある。

さらに、『古事記』には、須佐之男命《すさのおのみこと》が伊弉諾の命令に従わず泣き喚《わめ》いたので、悪《あ》しき神の声が五月頃に湧いて騒ぐ蠅《はえ》のように満ち、「万《よろず》の物の妖《わざわい》」がことごとく起こった、とも記されている。この「物」も、物体ではなく、負の力を持つ神、または霊を指すと考えられる。また、『日本書紀』にも、伊弉諾と伊弉冉が、風の神や海の神、土の神を生んだのち、「悉《ことごと》くに万物《よろずのもの》を生みたまふ」とある。この「物」は神であった。このように、『古事記』や『日本書紀』には、物体としての「物」ばかりではなく、神や霊（時に強力な負の作用をもたらす）を「物」とする事例がある。

鬼と「モノ」

八世紀の『万葉集』では、たびたび「鬼」の字を「もの」と訓《よ》ませている。たとえば、『万葉集』一一には次の歌がある。

朝寝髪《あさねがみ》　吾者不梳《われはけづらじ》　愛《うるはしき》　君之手枕《きみがたまくら》　触義之鬼尾《ふれてしものを》（二五七八）
（朝寝髪を私は櫛《くし》でとくまい、愛する君の手枕に触れたのだもの）

『万葉集』に収録されている恋をテーマとする歌には、このようにしばしば「鬼」を「もの」と訓ませる事例を確認できる。恋が外界からの不可思議な力によってなされると考えられたからだろうか（多田一臣『万葉集全解』二）。

古来、中国では、人間は死ぬと冥界に行って鬼となって暮らすと考えられていた。鬼は死者や死者の魂を指し、神とも重ねられ「鬼神《きじん》」とも表現された。また、子孫によって祀《まつ》られた鬼は子孫を守るとして尊重された一方、祀られない鬼や非業の死を遂げた者は祟りをなすと恐れられていた（長谷川雅雄・辻本裕成・ペトロ・クネヒト「「鬼」のもたらす病——中国および日本の古医学における病因観とその意義（上）」）。

日本でも、『続日本紀《しょくにほんぎ》』宝亀《ほうき》一一年（七八〇）一二月四日条に、寺を造るために墳墓を壊して石を採ることは、「鬼神」を驚かせ子孫を傷つけることになるから今後においては禁断するという詔《みことのり》が記されている。ここでは、墳墓にいる霊魂を「鬼神」と呼んでおり、中国の思想の影響を見出《みいだ》せる。

後漢《ごかん》の王充《おうじゅう》の著作『論衡《ろんこう》』では、世間でまかり通っている鬼についての考え方の間違いが指摘されている。『論衡』「論死篇」には、世間では人は死ぬと鬼になり、鬼には知覚があり、人に危害を加えることができるとした上で、人は死んでも鬼にはならないと反論が繰り広げられている。さらに『論衡』「訂鬼篇《ていき》」には、次のようにある。

病人は、病気で苦しみ体が痛いと、鬼が鞭《むち》や杖《つえ》で打つからだと思う。もし、鬼が槌《つち》や鎖や縄を手に持ち立ってその近くにいるのを見れば、病気の苦痛でびくびくして恐れ、むやみに鬼を見るようになる。病気になった当初は恐《こわ》がって鬼がくるのを見、病気が悪くなると死を恐れて鬼が怒るさまを見、体が痛いと鬼が打ってくるのを見るが、これらはすべて人の思いがありもしないことを招くのであって、必ずしも本当のことではない。

王充は、鬼についての世間の誤解を正すために、このように書いている。つまり、一般的な認識としては、死霊である鬼は、鞭や杖などで人間を打つことによって病気をもたらすと考えられていたのだろう。『論衡』は、九世紀末に藤原佐世《すけよ》（?～八九九）が著した『日本国《にほんこく》見在書目録《げんざいしょもくろく》』にその名が記されているので、この頃には日本に伝えられていた。

中国の鬼と日本のモノノケは、ともに死霊であり、人間に病をもたらす点で共通している。その上、詳しくは第一章に譲るが、日本のモノノケは、しばしば鬼の姿でイメージされていた。ただし、中国の鬼は多様であり、悪さをなす鬼ばかりではなく立派な鬼や身分の高い鬼もいるのに対し、日本では鬼は生者《しょうじゃ》に害をなすという負のイメージで捉えられる傾向が強い。そのような違いはあるものの、日本の鬼が中国のそれの影響を強く受けていることは間違いない（吉田一彦「アジア東部における日本の鬼神――『日本霊異記』の鬼神の位置」）。

また、中国の鬼と同様、日本の鬼には、人に病をもたらす性質があると考えられていた。たとえば、八世紀末成立の『続日本紀』天平宝字《てんぴょうほうじ》二年（七五八）八月一八日の詔には「疾疫癘鬼《しつえきれいき》」とある。さらに、『日本霊異記』中―二四に登場する閻魔王《えんまおう》の使いの鬼が、楢磐嶋《ならのいわしま》という男に、「汝《なんじ》、我が気《け》に病まむが故に、依《よ》り近づかずあれ」（お前、我の気《け》によって病気になるから、近づくな）と言った、とする話がある。すなわち、もし楢磐嶋が鬼に近寄れば、気に触れ、病気になるということになる。

モノノケという語が用いられるようになる一〇世紀よりも前から、「物」は人間にとり憑き悩ませる性質を持つ、と考えられていた。『日本霊異記』中―三では、母を殺そうとする息子に、母は「若《も》し、汝鬼《もの》に託《くる》へるにや」（もしかして、お前は鬼にとり憑かれたのではないか）と言ったとある。その後、息子が刀で母を斬ろうとした瞬間、地が裂け男が落ちた。母は男の髪を摑《つか》み天を仰いで「吾《わ》が子は物に託《くる》ひて事を為《な》せり。実《まこと》の現《うつ》し心には非《あら》ず。願はくは罪を免《ゆる》し給へ」（わが子は、物に憑かれてしたのです。正気でしたのではありません。どうか罪をお許し下さいませ）と許しを乞うて、髪を握って息子を留めたが、息子はついに落ちてしまった。その後、心の優しい母は、息子の髪の毛を家に持ち帰り、法事を営み、追善供養をしたという。このことから、不孝の罪報は即座に現れるのであり、道ならぬ行いには罪の報いが必ずあるということが分かる、と結ばれている。

このように、モノは、「鬼」とも「物」とも表記され、人にとり憑き悩ませる性質を持つものだと捉えられていた。

モノノケの「ケ」

それでは、モノノケの「気《け》」とは何だろうか。「気」は、古くは『古事記』に確認することができる。たとえば、前述した大物主神は、自分を祭れば「神の気《け》」、すなわち疫病は起こらない、と述べている。『古事記』では、大物主神を祀った結果、「役《え》の気」はすっかりやみ、国家は平安になったとされている。「役」とは疫病のことである。ここでは、「気」は病気を指すことになる。

また、『日本霊異記』中―一には、長屋王《ながやのおう》の変《へん》に関する説話がある。謀反の嫌疑をかけられ聖武《しょうむ》天皇から攻められた長屋王は、自害をした。天皇は、長屋王の骨を土佐国《とさのくに》に配流した。ところが、その頃、土佐国で多くの死者が出た。そこで人々が役所に「親王の気《け》に依《よ》り、国の内の百姓皆死亡《し》ぬべし」（長屋王の気によって、国内の人民は皆死に絶えてしまいます）と訴えた、とされている。長屋王の骨が土佐国にもたらされ、骨から発せられた「気」によって、そこに住む人々は死んだことになる。

さらに、一〇世紀後期の『三宝絵《さんぼうえ》』中―一四には、『日本霊異記』中―二四をもとにした説話が収められており、閻魔王の使いの鬼は楢磐嶋に「汝がやむは、我《わが》けなり」（お前が病んでいるのは、我の気だ）と言った、とある。「気」とは、霊や鬼が発し、目に見えず漂う性質を持ち、触れると病や死をもたらすものだと言えるだろう。

モノノケとは何か

モノノケに関しては、古くから『源氏物語』の研究者を中心に論じられたため、『源氏物語』以外の史料は見過ごされる傾向にあった。その結果、モノノケとは何かという点も曖昧なままにされてきた。この点を問題視し、古代のモノノケの定義を古記録や説話なども用いて導き出したのが、森正人《もりまさと》氏である。

森氏によって、モノノケとは「神ならぬ物すなわち劣位の超自然的存在（人の霊魂、鬼、天狗《てんぐ》、狐《きつね》など特定の動物の霊魂）が発する気」のことであり、「人間に憑依《ひょうい》しあるいは近づいた超自然的存在の発する気が人間に作用することによって引き起こされる心身の不調という現象」や「心身を不調に至らせる気を発する原因としての超自然的存在」のことである、と定義づけされた（森正人『源氏物語と〈もののけ〉』、同『古代心性表現の研究』）。

古記録に出てくる「物気」の語の早い事例としては、藤原忠平《ただひら》の日記『貞信公記《ていしんこうき》』延喜一九年（九一九）一一月一六日条の、五節《ごせち》の舞姫が「物気」を患ったとする記事をあげることができる。古記録や説話に出てくるモノノケは、死霊である場合が多い。モノノケは、生前に怨みを抱いた人間に近づき、病や死などをもたらすと考えられていた。さらにモノノケとは、森正人氏が指摘したように、気のみではなく、転じて気を発するモノそのものを指す場合もあった。たとえば、一一世紀の『栄華物語《えいがものがたり》』三「さまざまのよろこび」では、藤原兼《かね》家《いえ》がモノノケによる病を患った箇所で、兼家がいる二条院はもともとモノノケがいる実に恐ろしいところで、「これが気さへ恐ろし」（モノノケの気さえ恐ろしい）、とされている。モノノケの気とは重言であり、なんとも奇妙な表現だが、この時期には「モノノケ」という語が病をもたらす主体と認識されていたことを示している。

また、『枕草子《まくらのそうし》』一八一「病は」に「病気は、胸、もののけ、あしの気」とあるように、『枕草子』が書かれた一〇世紀末から一一世紀初頭には、モノノケは病名でもあり、貴族にとって代表的な病気の一つとされていた。ちなみに、「胸」とは胸部の痛みを伴う病気を指し、「あしの気」は脚気《かっけ》のことである。

少なくとも古代においては、モノノケという語は、いまだ何の気が正体か明確ではない段階で用いられており、陰陽師《おんようじ》らの占いによってその正体が判明した時点で、「○○の霊」などと表現される。したがって、しばしば、『源氏物語』の解説などで光源氏《ひかるげんじ》の妻紫《むらさき》の上《うえ》を悩ませた六条御息所《ろくじょうのみやすどころ》の死霊は「六条御息所のモノノケ」とされるが、それは誤りである。なぜならば、正体が判明した時点で「モノノケ」ではないため、六条御息所の霊とするのが正しい。

前述したように、モノノケが病気や死の原因として恐れられる以前にも、怨念を持つ霊は畏怖されていた。一〇世紀からは、「物気」という語が古記録に見えはじめ、社会全体に多大な影響を及ぼすほどではないにしても、個人もしくはその家筋に悪影響を及ぼす霊も盛んに恐れられるようになったのである。

この時期には、陰陽道《おんようどう》も公的な目的のみならず私的な目的でも必要とされるようになる。一〇世紀には、陰陽師として名を馳せた賀茂忠行《ただゆき》や賀茂保憲《やすのり》、安倍晴明《あべのはるあきら》が現れ、一段と陰陽道が発達し、個人的な除病のための祭祀《さいし》や、病因に関する占いも盛んに行われるようになった。

さらに、九世紀末から一〇世紀にかけては、藤原北家《ほっけ》による摂関体制の形成により、政争が激化して没落する氏族が増え、律令体制が解体していった点にも着目したい。本来、密教修法《しゅほう》は鎮護国家のために行われていたにもかかわらず、この時期には許可なく現世利益《げんぜりやく》を求め私的に行われるようになっていった。

昌泰四年（九〇一）、左大臣藤原時平《ときひら》は、右大臣菅原道真を大宰府《だざいふ》に左遷させた。そののち、かつて早良親王廃太子事件のときに僧尼らが陀羅尼《だらに》を読んで怨に報いたり、壇法《だんぽう》を行って呪《じゅ》詛《そ》をほしいままにしたりすることについて禁じる令が発布された事例をもとに、再び修法が好まれるようになったことを指摘してそれを禁じる太政官符を出している。禁じなければならないのは、私的な修法により病気治療や調伏が盛んに行われていることであった。社会が不安定になり危機意識が増幅すると、修法などにより敵を攻撃し、かつ自分の身を守ろうとする者が続出する。とりわけ権力を掌握した者は、みずからが没落させた氏族や家系の霊からの報復に怯《おび》え暮らすことになる。このような背景のもと、モノノケが強烈に意識されはじめるようになったのである。

ちなみに、現在モノノケというと、「物（の）怪」の表記が一般的であるものの、本来「物気」と「物怪」は全く異なるものを指した。「物怪」（物恠）は、「モノノケ」ではなく、八・九世紀では「ブッカイ」と訓み、主体が明らかではない不思議な出来事を指した。一二世紀以降には「モッケ」や「モノノサトシ」と訓まれ、神仏、もしくは正体の定かではない超自然的存在が怒りや不快の念を抱いていることを告げ知らせる変異、あるいは、のちに大きな災いがおこることを予告するための変異をいう（大江篤「日本古代の「怪」と「怪異」」。森正人『古代心性表現の研究』）。

中国の邪気と日本のモノノケ

日本におけるモノノケは、貴族の手による漢文体の日記では、「邪気《じゃけ》」と表記されることが多かった。興味深いことに、中国の文献にも「邪気」やそれを患った際の治療法がしばしば出てくる。

たとえば、後漢代、一～二世紀ごろの編纂と考えられる中国最古の薬学書『神農本草経《しんのうほんぞうきょう》』では、「桃核《とうかく》」（桃の種子）には「邪気」による病を治す効能があり、「徐長卿《じょちょうけい》」（ガガイモ科のスズサイコの根）には「鬼物」「百精」「悪気」などによる病気を治す効能がある、とされており、薬による治療が説かれている。

また、隋《ずい》の巣元方《そうげんほう》が編纂した医学書『諸病源候論《しょびょうげんこうろん》』「鬼邪候」には、「邪気」は「鬼物」の仕業による病であるとされた上で、その症状について、言語が錯乱したり、泣きわめいたり、気が狂って混乱したり、歌いだしたり、何も喋《しゃべ》らなかったりすることなどが挙げられている。これらの症状は、日本のモノノケによる病気の症状と一致する。モノノケは、人間に近づき、精神を錯乱させると考えられていたからである。

ちなみに、「鬼邪候」には、邪気の病を患った場合の対処法として、道教の方術が記されている。また、神仙家として名を馳せた孫思邈《そんしばく》による唐《とう》代の医学書『千金翼方《せんぎんよくほう》』三〇—二二にも、童子に鬼を憑依させその姓名を問うて明らかにしたあとに追い払うという治療法が記されている。道教の術によって邪気や鬼に対処することが多かったのだろう（『女青鬼律《じょせいきりつ》』『洞淵神呪経《どうえんしんじゅきょう》』など）。

中国には、仏教の僧による治病の話もある。八世紀の『幻異志《げんいし》』「五部法」には、戒律に精《くわ》しく、五部法と、「鬼神」を厭役する術に長《た》けていた越《えつ》の僧全清《ぜんせい》が、藁《わら》人形を禁呪《きんじゅ》して「邪気」に悩む病人に「邪気」を憑依させた話がある。「邪気」は病人の口を借りて許しを乞い、正体は「魈鬼《しょうき》」だと明かした上で二度と近寄らないと誓ったものの、全清から許されなかった。全清は、その後に「邪気」を憑けた藁人形を甕《かめ》に封じて桑林の下に埋めた。そうしたところ、病人の病は、すぐに治ったという。

日本のモノノケは、多くの場合、仏典の阿尾奢法《あびしゃほう》をもとに、仏教の僧侶の加持《かじ》などによってヨリマシ（霊媒）に憑依させられ、調伏されていた。したがって、前に示した『千金翼方』や『幻異志』といった中国の文献にも、日本におけるモノノケ調伏の方法に似通ったものを確認できることになる。そもそも、阿尾奢法やそれに関連する儀礼は、漢訳仏典に非常に多く確認でき、インド以来の密教で大きな位置を占めていたことが明らかである（小田悦代『呪縛・護法・阿尾奢法――説話にみる僧の験力』。彌永信美「インド、中国、日本における憑霊信仰をめぐって――雑密文献の世界への入り口として」)。

ただし、中国では、病気治療時に仏教の僧がヨリマシを用いる事例は少なく、一般的な方法ではなかった可能性がある（上野勝之『夢とモノノケの精神史――平安貴族の信仰世界』）。実際のところ、丹波康頼が隋や唐の医学書を引用してまとめた医学書『医《い》心方《しんほう》』一四には、「鬼厲《きれい》」や「邪気」による病の治療について、主に飲み薬の処方が書かれており、ヨリマシを用いる調伏方法は見られない。

しかし数は少ないものの、中国の文献には、ヨリマシを用いた治病の話を確認でき、漢訳仏典には阿尾奢法やそれに関連するものが多くあることは見過ごせない。その上、モノノケの概念そのものも、中国の思想の影響を受けていると考えられるのである。したがって、モノノケ調伏のためのヨリマシを用いた治療法は、日本固有のものではない。中国ではさほど盛んではなかった治療法が日本に取り入れられ、それを元に様々なアレンジが加えられ用いられた可能性が高いと見てよいだろう。

甚大な社会的影響を及ぼす怨霊

モノノケは、近世になると、怨霊や妖怪、幽霊などと混同して捉えられるようになる。ただし、これらは、古代の段階では別のものであった。たとえば、前述したように「怨霊」という語は、九世紀初頭の史料に確認することができる。古代に怨霊とされた代表的な人物としては、早良親王や菅原道真、平将門《たいらのまさかど》などが挙げられる。非業の死を遂げたと社会で広く認識された人物は、仇《かたき》となった人物やその近親者に祟って病や死をもたらすのみならず、社会に疫病や天災といった大きな悪影響を及ぼすと考えられた（山田雄司『崇徳院《すとくいん》怨霊の研究』）。そのような霊を怨霊という。

一方、モノノケは、正体が何かが分からない段階で用いる語であった。また、怨霊が社会に大きな影響を及ぼすのに対し、モノノケは個人やその近親者に病や死をもたらすにとどまる傾向にある。

また、怨霊への対処が鎮撫《ちんぶ》であったのに対し、モノノケへの対処は調伏であった。後述するように、調伏した結果、モノノケの正体が祟めるべき霊や神である場合には、多くの場合、要求に従ったり祀ったりすることになる。祟めるべき霊ではない場合には、さらに調伏をし続け屈伏させる。怨霊とモノノケは、ともに怨念を持つ霊であるものの、その対処に関しては大きな差がある。

妖怪ではない妖怪

現在、妖怪といえば、水木《みずき》しげるの作品をはじめとして、アニメや漫画に出てくるものをイメージするだろう。古代の妖怪も、近世以降のそれとは大きく異なる。「妖怪」という語については、古くは『続日本紀』宝亀八年（七七七）三月一九日条に、宮中にしきりに「妖怪」があるために大祓《おおはらえ》を行ったとする記事がある。大祓とは、罪や穢《けが》れを祓《はら》い清める行事である。同月二一日には僧六百人、沙弥《しゃみ》百人を招請して宮中で大般若経《だいはんにゃきょう》を転読《てんどく》させている。ここでいう「妖怪」とは、化け物の類ではなく、怪異である。藤原実資《さねすけ》（九五七～一〇四六）の日記『小右記《しょうゆうき》』長元《ちょうげん》元年（一〇二八）七月二五日条にも、「妖怪」が多くおこり夭死《ようし》する者が多数出たとする記事があり、「妖怪」の語を怪異の意味で用いている。そもそも「妖怪」とは、中国で成立した漢語で、後漢の時代に編纂された歴史書『漢書《かんじょ》』の「循史伝《じゅんしでん》龔遂《きょうつい》」にも「長い間、宮中にしばしば妖怪があった」とあり、「妖怪」を怪異の意味で用いている。日本古代の「妖怪」は、中国由来の語であることになる。

恐くない幽霊

モノノケが病や死などをもたらすとして恐れられたことから明らかなように、霊は人間にとって畏怖すべきものであった。まず、恐ろしい霊として、現代人は、幽霊をすぐさま思い浮かべるだろう。幽霊というと、白い三角頭巾を頭につけて足がなく、「恨めしや～」と現れ出てくるさまをイメージするのではないか。

ところが、古代の幽霊は、決して恐ろしい霊ではなかった。これまで幽霊は、古代の『日本霊異記』に登場しそれが「幽霊の登場」として論じられてきた。ところが、『日本霊異記』には、死霊についての説話はあるが、そこに「幽霊」とは書かれていない。現代人のイメージする幽霊が出てくるのはたしかだが、それをもって幽霊の系譜を論じることはできない。

幽霊の史料上の初見は、天平一九年（七四七）「唐僧善意大般若波羅蜜多経奥書願文《がんもん》」である。これは、唐の僧善意《ぜんい》が師の玄昉《げんぼう》（?～七四六）のために作成した願文である。玄昉は、聖武天皇からの信任が厚かったものの、藤原仲麻呂《なかまろ》の台頭によって、天平一七年に筑前国《ちくぜんのくに》の筑紫観世音寺《ちくしかんぜおんじ》別当に左遷され、その翌年に死去した。善意は、玄昉の一周忌にその成仏を願い、私財をなげうち大般若経六百巻を写経した。この願文の中で、善意は玄昉の霊を「幽霊」と呼んでいる。この「幽霊」は尊崇する師の霊であり、生者に悪さをなすものでは決してない。菅原道真による漢詩文集『菅家文草』所収の願文をはじめとする九世紀の願文では、死者は「幽霊」ではなく「幽魂」や「尊霊」とされる傾向にある。したがって、「幽霊」という語は、いまだ九世紀には願文に頻出する語ではなく、広く定着してはいなかった。

それが、一〇世紀になると、願文をはじめとする史料の中に「幽霊」という語が増えてくる。それらは、いずれも、祟って害をなす霊ではない。たとえば、藤原道長が大江匡衡《おおえのまさひら》に作成させた願文「為左大臣供養浄妙寺願文」（寛弘《かんこう》二年〔一〇〇五〕一〇月一九日）では、道長の先祖は「幽霊」と呼ばれ、「天神地祇《てんじんちぎ》」や「善神」と並び称されている。この「幽霊」は神に通じるものとして位置づけられていることになるだろう。先祖の成仏を願うための願文であり、この「幽霊」も祟る性質を持ってはいない。

これまで、古文書に「幽霊」という語が実に多く出てくると明確に指摘されてこなかった。その理由は、幽霊とは空想上のものだから、古文書ではなく文学作品で語られるはずである、という現代的な思い込みがあったからであろう。

ちなみに、「幽霊」も「妖怪」と同様に、中国で成立した語である。歴史書『後漢書《ごかんじょ》』列伝「李陳龐陳橋列伝」四一や、敦煌《とんこう》で発見された願文が収録されている『敦煌願文集』「追《つい》福発願文《ふくほつがんもん》」などには、「幽霊」を死霊という意味で用いる事例がある。前述した善意は、唐の僧であった。善意のように中国から日本へ渡来してきた僧や、中国から帰国した日本人が、「幽霊」を日本に持ち込んだのだろう。

殺人に利用される霊魂

古代の死霊は、神に近いものとして捉えられ、時には生者に災いを、時には恵みをもたらすものだと考えられていた。とりわけ、天皇などの高位の人物の霊は他の霊を超越する広義の「カミ」と認識された。たとえば、大海人皇子《おおあまのみこ》（のちの天武天皇）は、皇位継承権をめぐって勃発した壬申《じんしん》の乱のとき、高市社《たけちのやしろ》の事代主神《ことしろぬしのかみ》と身狭社《むさのやしろ》の生霊神《いくみたまのかみ》の神託により、託宣をした者に神武天皇陵を祀り礼拝させ、馬と武器を奉納した、と伝えられている（『日本書紀』二八）。つまり、神武天皇の霊をカミとして祀り、戦勝を祈願したのである。

さらに、天皇以外の霊もしばしばカミとして扱われ、様々な祈願がなされるようになる。たとえば、『続日本紀』天平神護《てんぴょうじんご》元年（七六五）八月一日条によると、和気王《わけおう》（？〜七六五）は、皇位をねらい、先祖の霊（祖父の舎人《とねり》親王、父の御原王《みはらおう》などの霊であろう）にそれを祈願する文書を書いた。文書には、「もし私の心に願い求めていることを成就させてくださったならば、尊い霊の子孫（舎人親王の子孫）で遠流《おんる》に処せられている方たちを都に召し返し、天皇の臣下といたしましょう」とあったという。要するに、和気王は、自分を皇位につけるように先祖の霊に願い求め、その交換条件として、遠流に処せられている舎人親王の子孫を京に戻すとして、霊と交渉している。霊に一方的に祈願をするのではなく、その願いを叶《かな》えるためには死者が喜ぶ行為をする必要がある、と考えたのだろう。

その上、和気王の文書には、先祖の霊に対して「私の仇の男女二人がおります。彼らを殺して下さいませ」ともしたためている。ここでいう「男女」とは、称徳《しょうとく》天皇とその寵愛《ちょうあい》を一身に受け政治にも介入していた道鏡《どうきょう》を指す。ところが、和気王のこの文書、運の悪いことに、称徳天皇の手に渡ってしまうことになる。結局、和気王は、謀反の心があるとされ、伊豆国《いずのくに》に流罪となり、配流の途中で絞殺されたのであった。

それにしても面白いのは、和気王が先祖霊に殺人依頼までしていることである。策略を練って自ら手を下すよりも、先祖霊に依頼した方が、殺害できる可能性が高いと考えたのだろう。霊は、生者には持ち得ない、強力なパワーを持っていると考えられていたのだろう。つまり、舎人親王の霊は、和気王から、願いを叶えてくれる広義のカミとして扱われたのである。

死霊をカミとして祀ることは次第に広がっていき、九世紀には、早良親王（崇道《すどう》天皇）や桓武《かんむ》天皇の妃《きさき》である藤原吉子《きっし》、橘 逸勢《たちばなのはやなり》らの死霊を慰撫するために御霊会《ごりょうえ》が開かれた。死霊を「御霊」と称して供物を捧《ささ》げて鎮魂しようとしたのである。

また、『日本霊異記』下―三八には、編者景戒《きょうかい》が自分の死体が焼かれる夢を見たことが書かれている。その夢で、景戒の「魂神《たましい》」は、焼かれる自分の死体の近くに立っており、小枝で自分の死体を突き刺して焼いた、とされている。魂が「魂神」と表記されていることも、魂が神と同一視されていたことを示している。

さて、先祖霊に殺人依頼をした事例は、藤原頼長《よりなが》の日記『台記《たいき》』久安《きゅうあん》元年（一一四五）一二月二四日条にも確認できる。それによれば、藤原全子《ぜんし》は、右大臣だった亡父藤原俊家《としいえ》（一〇一九〜八二）の肖像画に向かって恭敬礼拝《くぎょうらいはい》し、自分を離縁した夫である関白藤原師通《もろみち》（一〇六二〜九九）とその新妻藤原信子《しんし》への怨みを報いるよう請うた。すると、全子の夢に俊家が現れ、「思い悩むことはない。私が必ず報いよう」と告げたのである。『台記』によれば、それから時を経ずして、師通は薨《こう》じ、信子は零落したという。つまりは、全子を悲しみに浸らせた元夫と新妻は、全子の父の霊によって罰を与えられたのである。元夫を殺し新妻を落ちぶれさせるなどということは、全子には容易には成し得ない。一方、亡父の霊ならば、成し遂げる可能性がある。それだからこそ、全子は報復を父の霊に託したのである。この一件は、頼長が『台記』に書きとどめる約四五年前の出来事である。実際に全子が報復を祈願したかどうかは不明であるものの、少なくとも、頼長が書きとどめた時点においては、このような話が語り伝えられていたのである。

俊家の霊は、娘の全子にとっては、悩み苦しむ時に願いを聞き入れてくれる実に有り難い存在である。まさに、神と等質であると言えよう。ところが、殺された師通やその新妻信子にとっては、邪霊以外の何ものでもない。同じ霊ではあっても、各々の立場によって、カミとも邪霊とも認識され得るのである。

親の霊をはじめとする先祖の霊は、自分の子どもや子孫を苦しめた者に病や死をもたらすと考えられていた。たとえば、一一世紀の『栄華物語』一二「たまのむらぎく」にも藤原道長の長男頼通《よりみち》がモノノケの仕業により重体に陥った話がある。モノノケの正体は、頼通の妻隆姫《たかひめ》の父にあたる具平《ともひら》親王の霊であった。なぜ具平親王の霊が病をもたらしたかというと、なかなか隆姫に子どもができないことに業を煮やした道長が、三条《さんじょう》天皇皇女の頼通への降《こう》嫁《か》を承諾したからである。つまり、正妻の座を奪われる危機に瀕《ひん》していた娘を見かねて、具平親王の霊が頼通にとりつき苦しめたのである。具平親王の霊は、ヨリマシに憑依し、降嫁についで抗議をした。結局その抗議を聴いた道長は、親王の霊の求めを受け入れ、降嫁を取りやめたと語られている。それによって、頼通の病はめでたく治ったのであった。

ところで、隆姫本人は、抗議を父の霊に祈願してはいない。『栄華物語』の中で具平親王の霊は、我が子可愛《かわい》さに、空を翔《かけ》りながら頼通夫妻のそばを片時も立ち去ることができず、万事見聞きした、と述べたとされている。すべてを知ってしまった親王の霊は、いてもたってもいられなくなり、自分の意思で訴え出たのである。要するに、娘の心中を慮《おもんばか》った行動であった。

祈願するしないにかかわらず、先祖霊は子や子孫を始終守護するとも考えられていた。霊は、カミとして、人間には持ち得ない力をもって、生前に近しかった者を守ると思われていた。

古代には、現代よりも一族の繁栄が強く願われた。一族の繁栄を妨害する仇への報復は、先祖霊が引き受ける仕事の一つだったのだろう。誰かから怨みを買う行為をした場合、当人の直接的な仕返しのみならず、その先祖や親族の霊からの報復も恐れる必要があったのである。

第一章　震撼する貴族たち

——古代

一、モノノケと戦う藤原道長

貴族社会の医療

病気は、身体の陰陽不調によるとされ、その要因として一〇世紀の貴族社会では、病気を治療するときに、医師、僧、陰陽師の三者を治療者とすることが一般的であった。病人が出ると、まず陰陽師によって病気の原因が占われた。安倍晴明（九二一～一〇〇五）の『占事《せんじ》略決《りゃくけつ》』の二七「占病祟法《せんびょうすいほう》」には、病気の原因が列挙されている。陰陽師は、病人が出るたびに、占いによってこれらの病気の中から原因を特定していたのだろう。「占病祟法」には、「霊気」も確認できる。「霊気」は、モノノケと同義の語である。

陰陽師の占いによって病気の原因が特定されたのちには、治療者と治療法が決まる。医師、僧、陰陽師は、互いに排除せず協力して治療にあたっていた。中国医学の薬学書『神農本草《しんのうほんぞう》経集注《きょうしっちゅう》』では、「鬼神《きじん》」による病は、「祈禱《きとう》」によって祓《はら》うのが適切であり、その場合も「薬療」によって効果がより増す、とされている。『神農本草経集注』は、令《りょう》の編目の一つで医学教育を規定する医疾令《いしつりょう》であり、必修のテキストとされている。医師は、決して祈禱を排除していなかった（繁田信一『陰陽師と貴族社会』。丸山裕美子「平安日記にみる疾病——摂関期の貴族の疾病と中国医学」）。

中心となる治療者は、病気の原因によって決められていた。たとえば、原因がモノノケの場合には僧が主な治療者となり加持《かじ》や修法《しゅほう》、読経《どきょう》などによって調伏《ちょうぶく》する役割を担っていた。調伏とは、屈伏させて正体などを、白状させることをいう。

そもそも加持とは、仏典では仏菩薩《ぶつぼさつ》や優れた人物が超自然的な力によって強烈な影響を与えて変化を引き起こすことである。相手の至福を目的とすることが多く、時には屈伏を目的とすることもある。修法は、行者が仏と一体となり、仏の力を様々な目的のために回向《えこう》する儀式を指す。加持の理論を実践したものが修法であるから、本来、加持と修法は一体のものである。ところが古記録をはじめとする史料では、加持と修法は区別して用いられている。そこでは、病人の近くで印契《いんげい》や真言《しんごん》などを用いて仏の力を与えることを加持、一方、壇をもうけて本尊を安置し招福や調伏のために行われる祈禱を修法と呼ぶ。加持は修法の間やその後に行われるほか、単独でも行われていた。以下、本書では、史料と同様の意味で、加持と修法という語を用いる。

ちなみに、原因が神の場合には陰陽師が主な治療者となり祭や祓《はらえ》を行うなど、病気の原因によって中心となる治療者及び治療法は異なっていた。また、貴族の治療にあたっていた医師は、基本的には典薬寮《てんやくりょう》に所属しており、薬物や灸《きゅう》、針、蛭食《ひるくう》による医療を行っていた。典薬寮は、宮内省に所属し、典薬頭《てんやくのかみ》以下の官の医師らを管轄し、貴族への医療、医師の養成、任免、薬園の管理などを行っていた部署である。

藤原道長を脅かしたモノノケの正体

古代には、モノノケは、基本的には人間に背後から接近、あるいは接触することによって病気をもたらすと考えられていた（森正人「〈もののけ〉の憑依をめぐる心象と表現」）。ただし、接近、接触するのみではなく、憑入《ひょうにゅう》するとも捉えられていた可能性も否めない。たとえば、『栄華物語』二九「たまのかざり」では、藤原道長の娘妍子《けんし》がモノノケによる病を患い加持を受けたものの欠伸《あくび》さえしなかったのでモノノケが立ち去ったのかと思ってよいのだろうけれど、妍子の具合は前と同じである、とされている。この事例は、人の霊が口などから出入りすると考えられていたのと同様に、モノノケもそのように捉えられていた可能性を示している。そうであるのならば、モノノケは憑入するとも考えられていたことになるだろう。

さて、藤原道長はすでに「まえがき」でも述べたように、モノノケに怯え暮らしていた貴族の一人である。道長は、天皇の外戚《がいせき》として栄華を極めるに至るまでに、多くの者たちを排斥してきた。たとえば、兄道隆《みちたか》や道兼《みちかね》、道隆の子の伊周《これちか》や隆家《たかいえ》、定子《ていし》をはじめとする貴族からの怨念を意識していたと考えられる。道隆は関白になったものの病に倒れ、そのあとを継いで関白に就任した道兼もわずか七日で無念の死を遂げたのであった。その後、道長は、伊周との政権争いの末、内覧、右大臣、氏長者《うじのちょうじゃ》となった。長徳《ちょうとく》二年（九九六）、伊周と隆家は、花山《かざん》法皇に威嚇の矢を射かけ、さらには臣下が行ってはいけない太元帥法《たいげんほう》を修したとする疑惑で、道長に失脚させられた。さらに、道長は、その権勢により、一条天皇中宮であった定子を皇后にし、自身の娘彰子《しょうし》を女御から中宮にして立后《りっこう》を実現させた。一人の天皇に同時期に后《きさき》（皇后、中宮）を二人たてることは、異例であった。道長は、将来的に彰子が産む男子を天皇にするため、なんとしても彰子を中宮にしておきたかったのだろう。結局、彰子の立后は、定子やその息子敦康《あつやす》親王を窮地に追いやることになる。

道長の周囲にいた貴族たちの日記には、道長がモノノケによる病をたびたび患っていたことが書かれている。たとえば、藤原行成《ゆきなり》の日記『権記《ごんき》』長保《ちょうほう》二年（一〇〇〇）五月一九日条には、病んだ道長が、道兼の死霊にのり移られ、呉《ご》が越《えつ》に敗れた理由について漢詩を引用して語った、とされている。このとき、行成は、「左丞相《さじょうしょう》の容顔《ようがん》、病中にしてなお鮮やかなり。右丞相《うじょうしょう》の意気、身後《しんご》にして旧の如し」（左丞相〔道長〕の容顔は病中でもまだ鮮やかであった。右丞相〔道兼〕の気性は死後も以前と同じであった）と書きとどめている。ちなみに、「左丞相」は左大臣、「右丞相」は右大臣の唐名である。

　そして、同月二五日条には、病気に苦しむ道長が「前《さき》の帥《そち》をもって本官本位に復せらるべし。しからば病悩癒ゆべし」（伊周を本官本位に復されるように。そうすれば病気は治るだろう）とするモノノケの言葉を口にした、とされている。モノノケの正体は記されていないものの、当然のことながら、道隆を祖とする一族である中関白家《なかのかんぱくけ》に関わる人物が疑われたことであろう。結局、一条天皇は、伊周の復官復位に関する道長の要求を拒絶した。行成によると、その報告を受けた道長の形相は、モノノケに取り憑かれているために憤怒《ふんぬ》そのものだったという。行成は、道長は栄華を極めているものの、モノノケによって精神的に弱りきってしまっている、と述べている。

　なお、道長は、病を患う三か月ほど前にあたる長保二年二月には、前述した一帝二后《いっていにごう》を実現させ、定子や敦康親王を窮地に追いやっている。病因として中関白家に関わる死霊を想定した理由には、このような背景もある。

娘彰子の出産とモノノケ

道隆や道兼の死霊への恐れは、娘である彰子の出産時にも顕著である。彰子に仕えていた紫式部《むらさきしきぶ》による『紫式部日記』には、寛弘五年（一〇〇八）九月一一日の彰子の出産の様子が詳細に記録されている。

出産にあたっては、念入りな準備がなされていた。『紫式部日記』によると、道長の土御《つちみ》門《かど》邸に下がっていた彰子のために、七月中旬頃から五壇法《ごだんほう》などが執り行われた。五壇法は、不動明王を中尊《ちゅうそん》とする修法であり、病気治療や出産の時のモノノケ調伏のために多く行われていた。このときの五壇法では、観音院《かんのんいん》の権僧正《ごんのそうじょう》勝算《しょうさん》が中尊を担当し、二〇人もの伴僧を引き連れて加持を行った。また、法性寺《ほっしょうじ》座主《ざす》の大僧都《だいそうず》慶円《きょうえん》や浄土寺《じょうどじ》の権少僧都《ごんのしょうそうず》明救《みょうぐ》らといった高僧も祈禱に加わった、とされている。

八月二〇日頃には、彰子の出産が間近となったことから、多くの公卿《くぎょう》や殿上人《てんじょうびと》らが土御門邸に宿直《とのい》し、かつて仕えていた女房たちも里から集まり、賑《にぎ》わいを増した。土御門邸は、彰子の安産を祈念する人々や、男御子《おとこみこ》の誕生を切望する人々で、溢《あふ》れかえったのである。とうとう九月九日の夜半に彰子は産気づいた。出産時の祈禱の様子については、次のように書かれている。

験者《げんざ》（加持などによって病気治療を行う僧）は、中宮さまをお悩みさせているモノノケどもをヨリマシ（霊媒）に駆《か》り移し、調伏しようと、これ以上ないほどの大声を出して祈禱していた。ここのところ土御門邸に詰めていた僧侶はいうまでもなく、山という山、寺という寺を尋ね求めて、験者という験者は残すところなく集まり、三世《さんぜ》の諸仏も調伏のためにどれほど空を飛び回っていることだろう、と思いやられる。陰陽師も、ありとあらゆる者を召し集めたので、その願いを八百万《やおよろず》の神も聞かないことはあるまい、とお見受け申し上げる。

さらに、難産をもたらすモノノケを調伏するあり様については、次のようにある。

中宮さまがいらっしゃる御帳台《みちょうだい》（寝所）の東面には、主上《しゅじょう》（一条天皇）付きの女房が参り集まり控えている。西面には、モノノケにのり移られた人々をそれぞれに一双の屏《びょう》風《ぶ》で囲み、屏風の口には几帳《きちょう》を立てて、験者が一人一人を担当して声をあげて祈禱をしていた。南面には、高貴な僧正や僧都が重なるようにして座り、生身《しょうじん》不動明王も呼びだしかねないほどまでに、何度も何度も嘆願、愁訴し、皆声が嗄《か》れはててしまっている様子であるのは、実に尊く聞こえる。

六条御息所の死霊が女童に乗り移る場面
『絵入源氏物語』若菜下（国文学研究資料館所蔵）

モノノケにのり移られた者たちは、それぞれ屏風で囲まれ、一人一人に験者が付けられ対処されていたことになる。モノノケは、浮遊して移動し、さらに他者に移る特性を持つ、と考えられていた。たとえば、『源氏物語』「夕霧《ゆうぎり》」には、落葉《おちば》の宮の母一条《いちじょうの》御息所《みやすどころ》が、モノノケによる病を患ったとき、宮にモノノケがのり移ることを恐れて中仕切を置き、宮が中に入ることを許さなかった、とされている。「若菜《わかな》下」では、光源氏はモノノケに憑依されたヨリマシを閉じこめ、病人である妻紫の上を別の部屋に移している。光源氏によるこの行為も、モノノケが再び紫の上に近づくことのないようにとの配慮によるものである。

　また、一人の験者が複数のモノノケを同時に調伏することはできない、と考えられていた。出産の折には、多くのモノノケが安産を妨げるために出現すると考えられていたので、それなりの人数の験者が必要とされていた。験者の多くは、天台宗《てんだいしゅう》の僧であった。

さて、これほどまでに大掛かりな調伏が行われた背景には、死霊に対する恐怖がある。道長は、出産直前、他の貴族には面会したものの、伊周の面会は拒んでいる。このことについて『小右記』寛弘五年（一〇〇八）九月一一日条には、理由があるのではないかと勘ぐった者もいた、とされている。その理由とは、ほかでもないモノノケの正体が、道隆や定子といった中御門《なかみかど》家に関わる者たちの死霊だと考えられたためだろう（藤本勝義『源氏物語の〈物の怪〉』）。というのは、彰子に男児が生まれれば、定子の息子敦康親王は皇位につけなくなる可能性が高いからである。道長は、彰子を悩ます霊の一族にあたる伊周に会う気がしなかったのだろう。

モノノケの声を聴くために

モノノケの調伏には、ヨリマシが用いられることが多かった。ヨリマシは、一〇世紀後半から末頃に用いられるようになった。詳しくは第二章に譲るが、仏典にある阿尾奢法《あびしゃほう》をもとにしていると考えられる。一〇世紀から一一世紀にかけては、ヨリマシには、女房や女童《めのわらわ》が選ばれた。あらかじめ霊や神を移すヨリマシが選ばれて僧の近くに据えられる場合と、モノノケが偶発的に女房や女童らに憑依する場合の双方があった。

『紫式部日記』にある彰子の出産の描写からは、数多くの者にモノノケが憑依させられ調伏されているのが分かる。『栄華物語』一二「たまのむらぎく」には、藤原頼通が重い病を患ったときに『法華経《ほけきょう》』「寿量品《じゅりょうぼん》」を読誦《どくじゅ》したところ、頼通のそば近くに仕える女房に乗り移った。「日ごろかかることもなかりつるにぞ、御もののけ移りぬる」（常日頃はこのようなことはありえなかった者に、御モノノケが乗り移ったのである）とあるから、日ごろから憑依されやすい者とされにくい者がいたことが分かる。つまり、憑依されるか否かは、個々人の性質によった。さらに、憑依者やその家族に都合の良いことを口走る事例もあるので（『三長《さんちょう》記《き》』建永《けんえい》元年〔一二〇六〕五月二一日条など）、しばしば意図的な「憑依」もあったことだろう。この点については、古くは中国後漢の王充《おうじゅう》の『論衡《ろんこう》』「訂鬼篇《ていき》」にある、「巫《ふ》の辞《じ》は意《い》自《おのずか》ら出《い》づ」（巫女の口寄せは思いが自然に出るものだ）という指摘に通じる。さらに、憑依者が直近の出来事を踏まえて語ることも多いので、先入観も大きく影響していると考えられる。

さて、モノノケの調伏は、加持によってなされることが多かったものの、修法や読経によってもなされていた。たとえば、『小右記』正暦《しょうりゃく》四年（九九三）閏《うるう》一〇月一四日条には、居貞《おきさだ》親王（後の三条天皇）の更衣《こうい》藤原娍子《せいし》のために修法をしたところ、「猛霊」がたちまち出てきてその正体を語ったとされている。

修法の中でも、モノノケなどの調伏のために行う調伏法では、護摩木《ごまぎ》に火をつけ様々な供物を火中に投じていた。実は、その供物の中には、毒性のあるものが投じられていたのである（小山聡子『親鸞《しんらん》の信仰と呪術――病気治療と臨終行儀』）。たとえば、真言僧の淳祐《じゅんゆう》（八九〇～九五三）は、『四種護摩抄記《ししゅごましょうき》』で降伏法《ごうぶくほう》（調伏法）の供物について、経典類をもとに、「附子《ぶし》」（トリカブト）や「毒有る木」「毒有り臭気有る花」「毒薬の汁」「白芥子《びゃくけし》」を投じるようにとしている。「白芥子」は、毒性の強い罌粟《けし》のことであり、唐から輸入していた。同じく真言僧の実範《じっぱん》（?～一一四四）の『六種護摩抄』でも調伏法を行うときには、「附子」や「毒木」が必要であるとされている。「毒木」とは、火中に投じたときに、異臭、もしくは有毒物を発する木を指すのだろう。これらが火中に投じられどれほどに有毒な煙が出たかは不明であるものの、調伏の折には、有毒な作用や異臭の発生が期待されたことは間違いない。積極的に火中に毒物を投じることによって、モノノケ調伏が期待されたのだろう。

準備されたヨリマシは、僧侶の近くに侍《はべ》らされていた。とすると、焼煙を多く吸っていたはずである。次から次へと女房らがモノノケの言葉を口走った理由には、毒物の影響もあるのだろう。モノノケの調伏にたずさわっていた僧が正気を失った事例もある。『紫式部日記』では、彰子が出産する直前にモノノケを調伏しようとした「ちそう阿闍梨《あじゃり》」（千算阿闍梨か）はモノノケによって引き倒された、とされている。紫式部は、この一件について、「阿闍梨の験《げん》のうすきにあらず、御もののけのいみじうこはきなりけり」（阿闍梨の効験が弱いのではなく、もののけが非常に手ごわいからであった）と、阿闍梨の擁護を付け加えている。調伏時に引き倒されるなどということは、阿闍梨にとって不名誉極まりなかったからに他ならない。薬物による霊魂の憑依は、他国や他の宗教でも頻繁に行われている（山折哲雄『神秘体験』）。日本における修法で幻覚がもたらされる物質が用いられていても、決して不思議はない。

率先して行った調伏

さて、モノノケによる病にたびたび苦しめられた道長は、病を患うたびに、五壇法をはじめとする大掛かりな修法や加持、読経、さらには陰陽師による祭や祓などを積極的に行わせていた。ただし、道長自身が調伏したと考えられる事例もある。

たとえば、彼は娘三人を立后させ、望月の和歌を詠じた約三か月後、胸の病を患った。『小右記』寛仁《かんにん》三年（一〇一九）正月一八日条には、病を患っていた道長の病状が落ち着いた、とする記事がある。病気の原因は「邪気」であり、道長は自ら手と足を打った、とされている。前述したように、そもそも古代には、モノノケは、人間に接近、あるいは接触し、病をもたらすと考えられていた。要するに道長は、自分の手や足にまとわりついたモノノケを叩《たた》くことによって退けようとしたのだろう。手足を叩いたことによって、一時的には体調がよくなったものの、二月四日には再発してしまった。さらに三月一八日には胸の大発作を起こした。そこで、「邪気」を「人々」にのり移らせたところ、貴船明神《きふねみょうじん》や稲荷明神《いなりみょうじん》である、と称したという。翌日には平復したものの、二〇日にはまたもや病が重くなり、苦しみに耐えがたく非常に高い声をあげて苦しんだ。結局、道長は、二一日、出家したのであった。つまり、出家をすることによって、平癒を願ったのである。

ところが、出家後も病に悩まされた。『小右記』同年六月三日条には、道長が自身の体に「霊気」を憑入させ調伏した、とある。道長は、験者よりも、自身の調伏する力を信頼したことになるだろう。病を患う貴族が自身で調伏するというのは、はなはだ珍しいことである。道長は、験者として名を馳せた天台僧心誉《しんよ》に師事したことがあり、心誉に授けられた行法により加持を行った可能性がある（上野勝之『夢とモノノケの精神史——平安貴族の信仰世界』）。

加持の強行

道長は、娘嬉子《きし》（一〇〇七～二五）を苦しめるモノノケの調伏にも率先して携わった。嬉子は、東宮敦良親王《とうぐうあつながしんのう》（のちの後朱雀天皇《ごすざくてんのう》）の尚侍《ないしのかみ》であった。『栄華物語』によると、敦良親王と嬉子の仲は非常に良く、めでたく懐妊したという。

ところが嬉子は、万寿《まんじゅ》二年（一〇二五）七月、臨月の身で赤斑瘡《あかもがさ》を患ってしまった。赤斑瘡とは、現在いうところの麻疹《はしか》であり、発熱や咳《せき》の症状が出たのちに全身に赤い発疹《はっしん》が出る伝染病である。

さて、赤斑瘡をはじめとする伝染病は、神によってもたらされると考えられていた。神が病因である場合には、加持などは慎まなくてはならず、モノノケによる病と同時に患った場合には、モノノケの調伏は禁忌とされることが多かった（谷口美樹「平安貴族の疾病認識と治療法——万寿二年の赤斑瘡流行を手懸りに」）。出産時には、モノノケが跳梁《ちょうりょう》し、産婦を苦しめると考えられていたので、とりわけ上級貴族女性の出産時には大々的に加持や修法が行われていた。嬉子の場合は、赤斑瘡を患ってしまったので、予定されていたモノノケの調伏ができなくなってしまった。

ところが道長は、一旦中止することにした加持を、翌日、熱が下がってきたことを理由に、行った。加持を行うにあたっては、陰陽師に占いを行わせている。占いを依頼された二人の陰陽師の見解は分かれたものの、道長が加持をすべきだとする意向を持っていたため、加持に踏み切った。

道長は、「神気《しんけ》」を恐れて加持を躊躇《ちゅうちょ》する僧たちに業を煮やし、まず自ら加持をしたのであった。道長が加持をするのを見て、僧たちもそれに追随した。この時の加持について、『小右記』の筆者藤原実資は時期尚早だったのではないかと批判的に見ている。実資は、赤斑瘡が治癒してから加持に踏み切るべきだと考えたのだろう。

結局、嬉子は八月三日になんとか男児を出産したものの、五日に息を引き取ってしまった。『小右記』八月五日条には、加持をするのではなく、ひたすら神に祈り、安産を祈願すべきだった、とある。源経頼《つねより》の日記『左経記《さけいき》』八月五日条では、死因として「霊気」「旧血上る」「産日の加持」と様々な説があるとされ、同月八日条には道長が加持をしたことを非常に後悔している、と記されている。

さて、嬉子を苦しめたモノノケの正体について、『小右記』八月八日条では、人々は藤原顕光《あきみつ》や三条天皇皇后で敦明《あつあきら》親王の母藤原娍子、顕光の娘延子《えんし》の霊が喋る言葉を道長一家は非常に恐れていると噂《うわさ》をしている、と書かれ、『栄華物語』二五「みねの月」でも、嬉子を苦しめたモノノケの正体は顕光と延子の霊であるとしている。

藤原顕光は関白兼通《かねみち》の長男として生を享《う》け、父の在世時には目まぐるしい昇進を遂げて公卿に列したものの、その死後には兼通の弟兼家とその息子道長に実権を奪われた。その後、疫病の流行で多くの公卿が死に、顕光は右大臣にまで昇ったものの、道長のせいで外戚となることができなかった。顕光の娘延子は、三条天皇の第一皇子敦明親王を婿として敦貞《あつさだ》親王をもうけた。

ところが、三条天皇崩御後、敦明親王は道長によって退位に追い込まれ、東宮を辞した。それによって東宮には、道長の孫敦良親王が立ってしまった。敦貞親王には、上皇待遇の小《こ》一条院《いちじょういん》の称号が贈られ、道長の娘寛子《かんし》が妃としてあてがわれた。一方、延子と敦貞親王は敦明親王から捨てられ、延子は失意のままにほどなくして亡くなったのである。

おそらく顕光も延子も、道長のことを心底恨み憎んだことだろう。少なくとも、顕光と延子の死後、道長をはじめとする貴族たちは、彼らが道長一家を恨んでいるだろうと考えていた。それだからこそ、治安《じあん》元年（一〇二一）の顕光の死から四年経《た》ち、寛子をはじめとする道長の娘たちが相次いで死に至ったときには、顕光と延子の霊の仕業であると恐れられたのであった。

モノノケに殺されると往生できない

万寿《まんじゅ》四年（一〇二七）春、道長の娘で三条天皇中宮であった妍子が、病のために床に臥《ふ》しがちになった。『小右記』によると、病気治療のために、四月八日には読経と修法が急遽《きゅうきょ》行われ、五月一三日には修法が、同月二七日から二八日にかけては二壇の修法が行われた。五月三〇日には、「故堀河左府《ほりかわさふ》・尚侍《ないしのかみ》の霊等」（顕光と嬉子ら）の霊が出てきたとの記載がある。要するに、モノノケを調伏したところ、それに憑依された者が顕光と嬉子の言葉を喋ったということである。

嬉子の霊が出てきたことについては、『栄華物語』二九「たまのかざり」に次のようにある。

妍子様がいらっしゃる枇杷殿《びわどの》では、御モノノケを僧侶が憑座に駆り移すけれども、その間御心地がよくなられることもなく、ただ同じように変わりなくいらっしゃったところ、とても奇異なことに、御モノノケは堀河の大臣（顕光）のご様子であり、女御（延子）がそれに続いて現れなさり、いろいろと言い続けていらっしゃることはとても恐ろしい。また、督《かむ》の殿《との》（嬉子）の御気配ではないかと思われるものも出現して訴えられるので、上《うえ》の御前（道長の妻で、嬉子と妍子の母倫子《りんし》）は胸がいっぱいになってひどくお泣きになられる。督の殿の御気配と思われるものは、あれこれと恨み言を申されるわけではないけれども、幽明境を異にされた人がえてしてこのようになることは、悲しくつらいことである。

前述したように、『栄華物語』二五「みねの月」では、嬉子は顕光と延子の死霊に殺されたことになっている。無念の死を遂げ、霊が出現したと考えられたのだろう。霊によって無念の死を遂げた者は成仏できず、その妄執ゆえに、死後には人を苦しめる危険性を持つと考えられたのである。

これと似通ったことは、『栄華物語』二九「たまのかざり」における妍子の霊についての件《くだり》でも語られている。『栄華物語』では、妍子の死後については次のようにある。

いつの間にか三十五日にもおなりになられたので、数日来お造らせになっていらっしゃった五大尊と一万の不動尊を供養し申し上げられる。あの当時は、悪い御モノノケどもによってお亡くなりになられたのだから、成仏も妨げられておられはしないかというので、今はただ極楽浄土へ往生なさるようにとだけ祈願し、御追善をなさるのであった。

このように、モノノケによる死を遂げた者の往生は、危ぶまれていた。モノノケは、現世のみならず来世にまで悪影響を及ぼすと考えられていたのであった。

道長の死とモノノケ

さて、藤原道長は、娘妍子と同じく万寿四年春から病を患っており、モノノケによるものだとされていた。『小右記』三月二一日条には、次のようにある。

相変わらず御病気は平癒していない。この間奇異なことがあった。「物の霊」（モノノケ）

に心を奪われてしまったようだ。時には涙を流して泣き、時には大声を放っていた。

精神的に錯乱した状態に陥ったり、奇異な言動をとったりするようになると、モノノケの仕業だと疑われる傾向にあった。このときの道長は、まさにそうであった。ここには、モノノケの正体については記されていないものの、二年前に亡くなった嬉子や、同時期に患っていた妍子を苦しめた正体が顕光らだと考えられたことから、道長を苦しめた正体も同様に推測されていたことだろう。その上、延子は、生前から道長を呪詛したという噂を立てられるほどに、怨念を持っていると考えられていたのである。

道長は、自身や娘を悩ますモノノケを調伏してしまうほどに、調伏の方法に精通していた。ところが、万寿四年の病の折には、調伏をした形跡がない。調伏ではなく、等身不動明王の絵像百体や丈六阿弥陀如来像《じょうろくあみだにょらい》の供養、寿命経《じゅみょうきょう》の読経などが行われた程度であった。同時期に霊による病を患った妍子に対しては、加持や大掛かりな修法がなされていたにもかかわらず、である。この理由は定かではないが、『栄華物語』三〇「つるのはやし」にある次の件が興味深い。

関白殿（道長の息子、頼通）が御祈禱や御修法のことなどをお指図なさったところ、道長様は「決してそのようなものは必要ない。自分を気の毒だと思う人は、今回の病気に祈禱などをしたらかえって恨みますよ。自分に悪道に堕《お》ちよということなのだから。ただ念仏だけを聞いていましょう。そこの君達は絶対に絶対に私に近寄ってはいけませんぞ」などと仰せになられたので、「御モノノケがこのように思わせ申し上げるのだろう」などとひそひそと小声で仰るので、御祈禱は行わないことになった。

『栄華物語』は、歴史物語なので、その記述内容を歴史的事実と見なすことは到底できない。そうではあるものの、あれほどまでにモノノケの調伏に積極的な姿勢をとっていた道長に、修法や加持が行われなかった理由は、当の本人がそれを拒否したからだろう。

万寿四年に道長が患う二年前には、娘の寛子と嬉子が、さらには万寿四年九月には妍子が、顕光らの霊によって殺されたと考えられていた。娘たちを死に追いやった原因を作ったのは、道長である。娘を次から次へと亡くした道長は、もはや自身を悩ます霊をあえて調伏しようとはしなかったのではないだろうか。調伏すれば病を快方に向かわせて生き長らえることができる可能性もあったものの、退治することができず死に至った場合には、極楽往生を遂げられなくなる危険もあった。

道長は、モノノケを調伏して生き長らえるのではなく、極楽往生の方法が書かれている源《げん》信《しん》『往生要集《おうじょうようしゅう》』を参考にしつつ、念仏にすがり自身の極楽往生を目指したのであろう（小山聡子『往生際の日本史――人はいかに死を迎えてきたのか』）。

二、対処の選択――調伏か、供養か

三条天皇の眼病

藤原道長の事例から明らかなように、モノノケが病気の原因だと判断された場合、僧侶の加持などによって調伏がなされていた。では、モノノケの正体が明らかになった後についてはどうだろうか。道長は、中関白家に関わる霊や藤原顕光、延子をはじめとする霊に悩まされ、彼らがモノノケの正体であると判明した後も、調伏し続けていた。

ところが、そのような事例ばかりではない。モノノケの正体によっては、調伏ではなく、供養された事例も多くある。つまり、供養し成仏させることにより、悪さを防ごうとしたのである。病気治療の手段としては、悪さをなした霊の供養も有効だと考えられた。

たとえば、三条天皇（九七六～一〇一七）がモノノケの仕業によって眼病を患った時の対応について見ていこう。長和《ちょうわ》四年（一〇一五）のことである。この年は、三条天皇と藤原道長との確執がいよいよ深刻なものとなった年であった。孫の東宮敦成《あつひら》親王の即位を切望する道長にとっては、三条天皇は邪魔であった。三条天皇は、もともと病弱である上に、道長との政治抗争や内裏《だいり》焼亡による心労もあったのか、前年から眼《め》や耳を患っていた。長和四年に入っても病は続いており、薬を服用したり、加持や修法などを受けたりしていた。

賀静の霊の出現

三条天皇は、自身の病の原因について、「邪気《じゃけ》」の仕業だと考えていた（『小右記』五月二日条）。五月四日には、三条天皇の父である故冷泉院《れいぜいいん》の「御邪気」によって眼病となったという情報が、藤原実資にもたらされている。それによると、冷泉院の「御邪気」が女房に憑いて現れた、ということである。「御邪気」が女房に駆り移されている間は、三条天皇の眼は見えていた。現代では、加持などによってモノノケなどの霊を誰かに憑依させ調伏することによって病気を治すなど、効くわけがないと断じられることも非常に多いだろう。たしかに、このような治療は根本的な解決にはならないかもしれない。ところが、他者に憑依させているときは体調がよかったとする事例は、史料上に実に多く確認できるのである。現代的な言い方をすると、これはプラシーボ効果ではないか。

五月七日、実資は、養子の資平《すけひら》から密かに、天台僧の心誉が三条天皇を悩ませるモノノケに憑依された女房に加持をした際、賀静《がじょう》（八八七～九六七）と藤原元方《もとかた》（八八八～九五三）の霊が現れたという話を聞いている。賀静は、のちに天台宗の中興の祖とされた良源《りょうげん》との争いに負け、天台座主《てんだいざす》（比叡山延暦寺《ひえいざんえんりゃくじ》の住持で、天台宗一門を総監する僧職）の座を逃し、律師の位のままで亡くなった僧である。一方、藤原元方は、娘が村上《むらかみ》天皇の更衣となり第一皇子広平《ひろひら》親王を産んだものの、藤原師輔《もろすけ》の娘で中宮の安子《あんし》が憲平《のりひら》親王（のちの冷泉天皇）を産んだために、広平親王を皇太子にすることができなかった。その後、元方は亡くなり、安子や冷泉院らに祟り、苦しめたと恐れられていた。冷泉の息である三条の眼病の原因が、賀静や元方の霊であるのは、説得力があったのだろう。

さて、賀静らの霊は、次のように語ったという。

> 主上（三条天皇）の御目については賀静の仕業である。御前に居る際に、賀静が翼を開く時には御眼をご覧になれないのである。ただし、御運は尽きられていない。だから、御体《ごたい》にはつかず、ただ御所の周辺に祗候《しこう》しているのである。

資平は、天皇に近侍する蔵人頭《くろうどのとう》であったので、天皇の病に関する詳しい情報を知っていた。資平のおかげで実資は天皇に関わる正確で詳しい情報を得ていたのであった。

さらに五月八日、またもや資平から天皇の病に関する情報を得て『小右記』に記録している。それによると、賀静の霊は、贈位を給《たま》わるよう求め、九日条には眼の状態は随分とよく、「霊物《れいもつ》」は一五日に眼の霞《かすみ》は清くなり平復すると言った、とされている。憑依された女房が「霊物」の言葉をこのように語ったのだろう。ところが、実際には一五日にはよくなるどころかいよいよ見えなくなり、心誉による不動調伏法が行われている。二〇日条には、賀静の霊が執念深く懇切に天台座主を追贈するよう要求した、とある。

二二日には、高階成忠《たかしなのなりただ》の霊が民部掌侍《みんぶしょうじ》に憑依し、民部の子童《こわらわ》を打ってこらしめたので、三条天皇がこの童を抱きかかえたという。すると「霊物」（に憑依された女房）は怒り、なんと童を踏み打った。そして賀静の霊はこう語った。

先日、座主に任じられるように申請しました。しかし、その要求を聴いた現在の座主慶円の忿気《ふんき》は極まりありません。主上（三条天皇）の御為に必ず怨霊となるでしょう。私よりも勝るでしょうか。今となっては、私も悪心《あくしん》がだんだんなくなり、仏道に帰していきます。延暦寺の私の旧房で阿弥陀護摩懺法《あみだごませんぼう》を修してください。天台座主に任じられることは諦めます。ただ、僧正の位を賜《たまわ》りたいです。

このように、賀静の霊は供養を要求した。

供養の要求と調伏

その後も、天皇の眼病は一進一退を繰り返し、二七日に心誉が招かれて加持をしたところ、今度は聖天《しょうでん》が現れ、「御邪気」はよく調伏されたけれども、最近供養を怠っていたので祟ったのだ、と述べたという。「御邪気」とは賀静の霊を指す。つまり、賀静の霊が次第に「悪心」がなくなり仏道に帰していると告白し、供養の要求がなされたのちも、調伏は続けられていたことになる。

賀静の霊が要求した阿弥陀護摩懺法が行われたかどうかは不明である。しかし、賀静から五月八日に要求のあった僧正の位は、六月一九日に追贈されている。要するに、僧正の位を与えて霊を慰撫しつつも、調伏し続けるという矛盾した行いがなされていたことになるだろう。

一方、『小右記』六月三〇日条によると、冷泉院の霊が女蔵人《にょくろうど》に憑依している。おそらく、眼病治療のための加持などをした結果、霊が憑依したのだろう。冷泉院の霊は、源中納言俊《とし》賢《かた》を御前に召して雑事を仰せられるべきであるとした上で、俊賢は非常に善い者であると告げた、とされている。この女蔵人は、俊賢の関係者であり、道長は、はなはだ奇怪なことだと述べた、とされている。つまりは、恣意的な託宣ではないかと疑ったのである。

翌日、三条天皇は、冷泉院の霊が苦しみを受けているので法華三昧《ほっけざんまい》をしてほしいと要求したと述べ、源俊賢がその行事を勤めるように道長に命じている。三条天皇は、父の霊は政敵ではないことから、供養をして成仏させれば解決すると信頼したうえで、調伏ではなく、供養を選んだ。その後に、冷泉院の霊が三条天皇を悩ませたとする記録はない。

嬉子のための供養

ちなみに、前述した道長の娘妍子が重い病を患った万寿四年にも、病をもたらした正体によって、対処が変えられている。顕光や延子の霊は、それ以前から、寛子や嬉子を苦しめ、加持や修法による調伏の対象とされていた。ところが、妍子を苦しめている正体が顕光と延子の霊、さらには嬉子の霊であると判明すると、加持でも修法でもなく、『法華経』「五百弟子受記品《ごひゃくでしじゅきほん》」の講釈がなされたのである（『小右記』万寿四年〔一〇二七〕五月三〇日条）。「五百弟子受記品」は、五百人もの大声聞《だいしょうもん》が、釈迦《しゃか》から未来に成仏するという予言を受け歓喜しあう場面が語られている。おそらく、嬉子の霊のために、調伏ではなく、供養が選択されたのであろう。

『源氏物語』で語られた六条御息所の霊

文学作品にも、悪さをなす霊への対処に関して、詳しく語られている。たとえば『源氏物語』の、光源氏の若かりし日の恋人、六条御息所の生霊《いきりょう》や死霊に関する語りに注目してみたい。六条御息所は、亡き東宮の妃で非常に気位の高い女性であった。光源氏は、六条御息所の教養の深さや美貌に強く魅了されたものの、安らぎを得ることができず、次第に距離を置くようになる。光源氏が他の女性のもとに通うようになり、御息所の自尊心は打ち砕かれ、源氏を恨むようになっていく。その後、御息所は、かねてより源氏から不仲であると聞かされていた源氏の正妻葵《あおい》の上《うえ》の懐妊を知る。葵の上の出産の折、御息所の魂は、強い愛執と嫉妬心により、はからずも御息所の体から抜け出て葵の上を殺してしまう。

さらに御息所は、死後、光源氏への愛執によって成仏できず、霊となって源氏の妻紫の上を苦しめた。『源氏物語』「若菜下」では、紫の上が御息所の霊の仕業によって息を引き取ったと語られている。この時、光源氏は、北の方である女三《おんなさん》の宮《みや》のもとにおり、紫の上の居所である二条院を留守にしていた。光源氏は紫の上の訃報を聞き、すぐに二条院へと向かった。そして、御修法の壇を片付けている僧侶たちを止め、モノノケの仕業である可能性があるとして、加持を行わせたのである。すると、数か月の間全く正体を現さなかったモノノケが調伏されてヨリマシの童に憑依し、紫の上は息を吹き返した。

紫の上を苦しめていたモノノケの正体は、六条御息所の死霊であった。六条御息所の霊は、「人はみな去りね。院一《ひと》ところの御耳に聞こえむ」（ほかの人は皆去ってください。院お一人のお耳に申し上げたいのです）と告げて源氏以外の者を退出させ、源氏のみとの対話を要求した。そして霊は、源氏への愛執のあまりの強さにより成仏できなかったことを告白し、源氏が紫の上のために骨身を削るようにして悲嘆にくれている様を目にして、つい正体を露《あら》わにしてしまった、と語ったのである。この時、御息所は光源氏に次のように懇願している。

今となっては、私の罪が軽くなるようなことをなさって下さい。修法や読経と騒ぎ立てることは、私の身には苦しくつらい炎となってまつわりつくばかりで、全く尊い声も耳に入らないので、本当に悲しい限りです。中宮にもこのことをお伝え下さいませ。決して御宮仕えの間に、他人と競ったり嫉妬心を起こしたりしてはなりません。中宮が斎宮《さいぐう》でいらっしゃった時の御罪が軽くなるような功徳を必ずなさいますよう。本当に悔やまれることでした。

御息所の霊は、自分を責め苦しめる修法や読経による調伏ではなく、成仏のための供養をしてくれるよう源氏に哀願し、自身の娘秋好《あきこのむ》中宮《ちゅうぐう》への伝言も源氏に託している。かつては熱心に通った元恋人からの懇願である。もし成仏させられれば、再び紫の上を苦しめることなどないはずである。

薄情な男、光源氏

ところがなんとしたことか、光源氏は自分への愛執により成仏できていない霊に同情して供養に専念するどころか、痛めつけて退却させるために以前よりもさらに大がかりな修法を行った。御息所の霊が光源氏による修法や読経が苦しくつらい炎となって自分を苦しめるだけです、と切々と訴えたにもかかわらず、である。『源氏物語』には、御息所の霊からの訴えを聴いた後の光源氏について、次のように語られている。

こうして紫の上が蘇生された後には、死霊を恐ろしくお思いになって、再び大がかりな修法などを尽くしてさらに新しく付け加えなさる。生前でさえ不気味だったあのお方の御気配が、まして死後に恐ろしく得体のしれないさまにおなりになられたのを想像なさると、本当にいやなお気持ちになられるので、御息所の娘である中宮のお世話をし申し上げることすらいやになり……。

ここには、実に自己本位な光源氏の姿が活写されている。『源氏物語』が書かれた摂関期では、モノノケが去らないと根本的な解決に至ったとは考えられなかった。六条御息所の霊は、調伏され正体を露わにしたものの、去りはしなかった。それによって源氏は、その後も御息所の霊に怯え続けなくてはいけなくなったのである。

光源氏には、成仏できず苦しむ御息所の霊への同情はない。せめてもの罪滅ぼしにと面倒を見続けていた秋好中宮の世話も疎ましくなってしまったほどであった。

しかし、光源氏は死霊の懇願を完全に無視したわけではなく、供養もしている。

五月のころは、なおさら晴れ晴れとしない天気なので、紫の上はすっきりしたご気分にはなれないけれど、以前よりは少しよいようであった。そうではあってもやはり、なお絶えずお苦しみが続いていらっしゃる。モノノケの罪を救うための行為を毎日法華経一部ずつ読誦《どくじゅ》して供養をおさせになる。毎日何かと尊いことを行わせなさる。御息所の霊は現れはじめては時折あれこれと悲しげなことを言うけれども、すっかり離れ去りはしない。

これによると、源氏は、紫の上の容体が小康状態となったので、御息所の霊の供養に踏み切ったことになる。容体が落ち着いてきたので、霊に対する態度を軟化させたということになるだろう。ただし、態度を軟化させて供養をしつつも、調伏をやめはしなかった。

ちなみに源氏は、御息所が成仏できずに苦しんでいることを、中宮に告げなかった。当然のことながら、御息所の霊から依頼された中宮への伝言もしていない。伝言をすれば、源氏のせいで成仏できていないとばれてしまうからである。『源氏物語』「鈴虫《すずむし》」で、「かの院にはいみじう隠したまひけるを、おのづから人の口さがなくて伝へ聞こしめしける」(〔六条御息所の霊が現れたことを〕光源氏はたいそう隠していらっしゃったけれども、自然と世間の口はやかましくて人づてにお聞きになられました)と語られているように、源氏はモノノケの正体について、誰にも察知されないよう努めていたのであった。

『源氏物語』では、モノノケの正体が六条御息所の霊だと判明した後も、「もののけの罪救ふべきわざ、日ごとに法華経一部づつ供養ぜさせたまふ」(モノノケの罪を救うための営みとして、毎日『法華経』一部ずつの供養をおさせになった)などのように、モノノケという語が使い続けられている。『源氏物語』が書かれた時代には、モノノケは、あくまで霊の正体が明らかではない段階で用いる語であった。あえて六条御息所の霊を、モノノケと表現することによって、光源氏がその正体について他言しなかったこと、さらには源氏以外の人間はモノノケの正体をはっきりと知らなかったことを示したのだろう。源氏にとっては、紫の上を苦しめる正体が、かつて粗略に扱い恨みを買った元恋人だというのはどうにも都合が悪かったのである。

結局、御息所の霊は、噂を耳にして心を痛めた秋好中宮の熱心な追善供養によって成仏できた（藤本勝義『源氏物語の〈物の怪〉――文学と記録の狭間』）。それにもかかわらず、源氏は、御息所の霊の成仏後も、紫の上の死の直前に至るまで、日常的に調伏のための修法を行わせ続けた。源氏は、供養を懇願されたにもかかわらず、その成仏を願わず、御息所の霊を憎悪し続けていたのである。

調伏によって大いに痛めつける一方で、成仏のための追善供養を行うというのは、明らかに矛盾した行為である。『源氏物語』では、光源氏の自己本位な冷徹さを、御息所の霊への矛盾した対応を語ることによって巧みに描きだしている。

モノノケによる病を患った場合の対処として、調伏か供養かは、その正体によって対処が決められた。ただし、賀静や六条の御息所の霊の事例のように、どちらかに重きを置いたうえで両方が行われることもあった。両方が行われた理由は、それが病気を治す上で最も有効だと判断されたからに他ならない。病人（及びその周囲の人間）と霊との関係性によって、治病のために最良だと考えられる方法が採られていた。

人を騙す霊

霊と人間とは、ヨリマシを通して交流することができると考えられていた。それによって、やみくもに恐れるだけではなく、なんと親しくなってしまったという話まである。『栄華物語』二一「後《のち》くゐの大将」に登場する、小松《こまつ》の僧都の霊と藤原道長の息子教通《のりみち》である。

小松の僧都の霊は、藤原教通の北の方が出産するたびに現れていたという。小松の僧都というのは、道隆の息子隆円《りゅうえん》のことである。つまり、小松の僧都は、道長に怨みを抱いたと考えられていた中関白家の者であり、教通とは従兄弟《いとこ》の関係にあった。

教通は、初めのうちは小松の僧都の霊を恐れていたものの、霊に自由に語らせている間に、あろうことかすっかり心を許してしまい、数年来、何事に関しても吉凶をよく告げてもらっていたほどであった。

治安三年（一〇二三）末、北の方は無事に出産をした。ところが、七夜の産養《うぶやしない》の夜、北の方の容体が、急変してしまう。そこで、多くの僧を呼び集めて加持をさせたところ、小松の僧都の霊が現れ、「この加持とめよ。あなかしこ、あなかしこ、あやまつな」（この加持を止めよ。絶対に、絶対に、止めよ。この命令を違《たが》えてはならぬ）と告げて、加持をやめて読経をするように要求したのである。教通は、小松の僧都の霊の言うことには何かわけがあるのだろうと思い、命令通りに加持をとどめて読経に切り替えた。それについて、加持をしていた僧らは、加持によってモノノケがいかにも苦しそうだったのに、と口惜《くや》しがる。結局、加持をやめて読経に切り替えたために、北の方はあっけなく死んでしまったのであった。

読経は、調伏のためにも供養のためにも行われていた。読誦する経典やその箇所によって両者は区別されていたのである。この場合には、霊は読経による供養を要求したのだと考えられる。教通は、僧都の霊と親しくなったためにうっかり信頼してしまい、騙《だま》されたのであった。結局のところ、敵対関係にあったことをすっかり忘れた教通の判断が甘かったということになるだろう。

モノノケが担わされた役割

霊と人間は、ヨリマシを通して、時には駆け引きをし、時には騙されるなどして、関わりを持ち続けていた。つまり、死んだら無になるのではない。悟りを開き成仏する場合もあれば、成仏できずこの世で霊として現世の人間に対して悪事をはたらく場合もある。無念の死を遂げた場合には後世に復讐《ふくしゅう》を遂げることができるので、後に望みを託すことができる。一方、痛めつけた相手が自分よりも先に死んだ場合には不可思議な力で仕返しをされる可能性があると考えられた。

モノノケは、人間に病や死をもたらすとして非常に恐れられていた。それと同時に、他者を傷つける横暴な言動を自重させる装置にもなり、社会の均衡を保つ役割も担わされていた。この点は、怨霊と同様である（山田雄司『跋扈《ばっこ》する怨霊——祟りと鎮魂の日本史』）。霊は、単に恐怖心を煽《あお》るのではなく、社会の中で必要とされていたからこそ意識されていたのだろう。

三、モノノケの姿——鬼との近似

鬼の姿で現れ出た先妻の霊

モノノケは、本来「気」なので、姿かたちを持たない。ところが、実際には、鬼の姿で表現されることが多かった。そもそも、中国では死者は鬼になると考えられていた。その思想が日本の鬼の観念に大きな影響を及ぼしたために、モノノケはしばしば鬼の姿だと考えられたのだろう。たとえば、紫式部の和歌集『紫式部集』四四番歌では、モノノケは鬼として次のように表現されている。

モノノケの憑いた醜い女の姿を描いた後ろに、鬼になった先妻を、小法師が縛っている様を描いて、夫が経を読んでモノノケをせめている絵を見て、

亡き人にかごとをかけてわづらふも　おのが心の鬼にやはあらぬ

（亡き先妻の霊に憑かれているとして患っているのも、後妻自身の良心の呵責《かしゃく》によるものなのではないでしょうか）

モノノケの正体は先妻の霊であり、その先妻の姿は、鬼として表現されている。先妻の霊は、後妻の背後から襲いかかっている。夫は、苦しむ後妻のために経を読み、モノノケを調伏しようとしているのである。小法師は、経を読んだことによって現れた護法《ごほう》である。護法は、仏法守護の役割を持ち、験力《げんりき》のある僧などに使役されると考えられていた。病気をもたらしたモノノケを調伏する際、僧などの命を受けてモノノケを縛り懲らしめる、とされていたのである。護法については、第二章で詳述する。

ここでは、鬼になった先妻を描いた絵があるとされているので、具体的に鬼の姿をあてはめて捉えていたことになる。この他にも、モノノケに鬼の姿をあてはめて捉えた事例は非常に多くある（小山聡子「平安時代におけるモノノケの表象と治病」）。

ただし、モノノケや霊の姿は、鬼の姿のみで捉えられていたわけではなかった。たとえば、三条天皇に眼病をもたらした賀静の霊は、天狗の姿をしていると考えられていた（『小右記』長和四年〔一〇一五〕五月七日条）。驕慢《きょうまん》の心を持つ者は天狗になるとされていたことによるのだろう。さらに、『拾遺往生伝《しゅういおうじょうでん》』上―一五には、中原忠長《なかはらのただなが》の娘が日頃から「邪気」（モノノケと同義）による病に苦しんでいたので加持をしたところ、憑依し、自分は天狗であると白状している。このように、しばしば、モノノケや霊は天狗の姿をしているとも考えられていた。

油瓶の姿をしたモノノケ

さらに、モノノケが油瓶《あぶらかめ》の形をしていることもある。『今昔物語集《こんじゃくものがたりしゅう》』二七―一九「鬼《おに》、現油瓶形殺人語《あぶらかめのかたちとげんじてひとをころすこと》」は、油瓶の形をしたモノノケが門の鍵穴から入り込み、その家の若い娘を殺した話である。油瓶がピョンピョンと跳ねながら鍵穴から入っていった様子を目撃した藤原実資は、モノノケに違いない、と思った。その後、その家の娘が死んだという報告を受けた実資は、やはりあの油瓶はモノノケだったのだと確信したのである。『今昔物語集』の編者は「此《かか》る物の気は様々の物の形と現《げん》じて有《あ》る也《なり》けり」（このようなモノノケはいろいろな物の形に変じて現れるものである）とした上で、「怨《あた》を恨《うらみ》けるにこそは有《あ》らめ」（何らかの怨みを晴らそうとしたのだろう）と述べている。怨みを晴らそうとしたのだろうとされていることから、このモノノケは死霊なのだろう。さらに、注目すべきことに、この説話の題名には、「物気」ではなく「鬼」とある。つまり、この説話では、モノノケと鬼が同一であることになる。さらに、このモノノケ（鬼）は油瓶の姿に変じることができる。身近な生活道

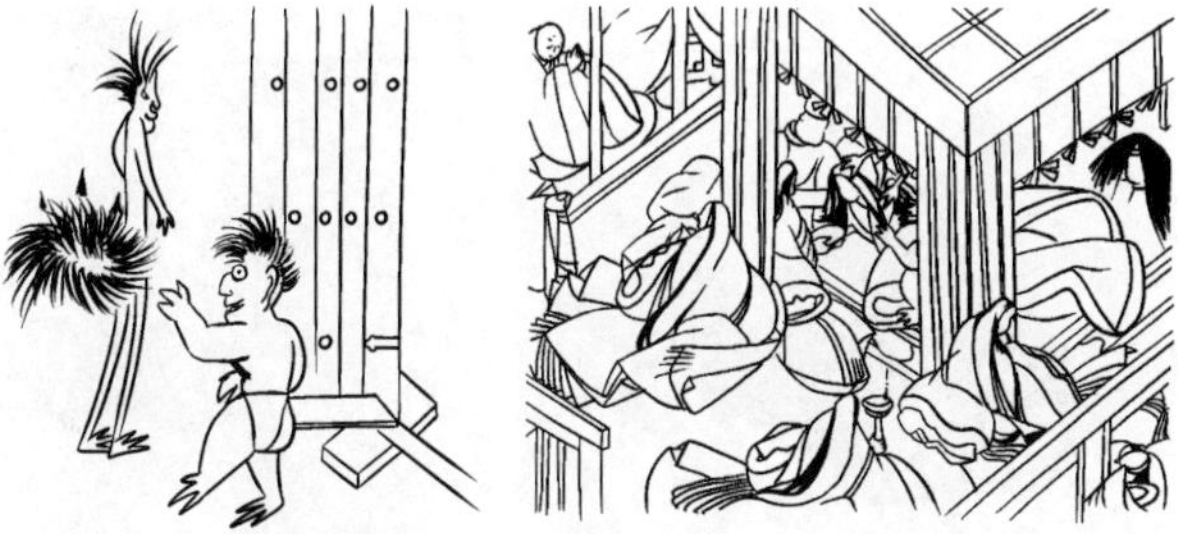

三本指　『白描絵料紙墨書金光明経』より

具である油瓶が実はモノノケであるというのは、当時の人間にとっては、より一層気味悪く受けとめられたことだろう。

日本現存最古のモノノケの絵

　さて、モノノケの姿について検討するうえで、実に興味深い絵が残されている。後白河《ごしらかわ》法皇が描かせた『白描絵料紙《はくびょうえりょうし》墨書金光明経《ぼくしょこんこうみょうきょう》』である。後白河法皇は、ある絵（隠れ蓑《みの》物語か）を描かせていたものの、その完成以前に崩御してしまった。そこで法皇の供養のために、この絵の上に、経典の書写がなされた。絵の人物たちの多くは、目鼻口がなく輪郭のみしか描かれていないので、『目無経《めなしきょう》』とも呼ばれている。

『白描絵料紙墨書金光明経』には、病に苦しむ貴族女性と病気治療の祈禱をする僧の絵がある。その病気の女性の後方と向かって右方には、三本指の何ものかが迫り来ようとしている。

　病人の周囲には祈禱する僧が描かれているので、病気の原

阿倍仲麻呂の霊。鬼の姿（右）と、出直したあとの鬼の片鱗が残る姿（左）『吉備大臣入唐絵巻』

因はモノノケによるものだと判断されたのだろう。このモノノケは、鬼と同様に、ふんどしを締めている。また、三本指は、鬼がしばしば三本指であることと関連する。

一一世紀初頭ごろの『政事要略《せいじようりゃく》』に収められた疫鬼も三本指であり、『吉備大臣入唐絵巻《きびのおとどにっとうえまき》』の赤鬼も三本指である。『吉備大臣入唐絵巻』の鬼は、かつて遣唐使として渡航し唐で亡くなった阿倍仲麻呂《あべのなかまろ》の霊であった。仲麻呂の霊は、自分の子孫が日本でどうしているのかを知りたく思い、同じく遣唐使として渡航した吉備真備《きびのまきび》に会いに来たのである。鬼の姿で会いに来た仲麻呂は真備から、姿を変えて出直してくるよう命ぜられ、衣冠に身を正し出直した。出直す前は、裸で逆立つ髪の毛、真っ赤な肌、大きな口に鋭い歯、赤いふんどし、手と足は三本指、頭に一本角、といった姿であった。一方、出直した鬼は、衣冠を身に着け人間のような姿となっているものの、若干赤ら顔で相変わらずの三本指である。三本指は、鬼の大きな特徴の一つなのである。

『山海経』の影響の可能性

『白描絵料紙墨書金光明経』には三本指を有した異形《いぎょう》の全身像が描かれている。ところがその姿は、鬼とは少々異なる。向かって右のものは、丸くてギョロリとした目をしており、小さくずんぐりとした体形となっている。一方、左のものは、異様に足が長くやせ細っている。

あくまでも推測にとどまるものの、似通った図像が、『山海経《せんがいきょう》』七「海外西経」にある。『山海経』は、中国の戦国時代から前漢《ぜんかん》代に作られた神話性の強い原始的な地理書であり、多くの図像を収めていた。ただし、元の図像は失われており、明《みん》代以降の写本の図像しか現存していない。『山海経』は、わが国にももたらされており、藤原佐世《すけよ》の撰《せん》による書籍目録『日本国見在書目録《にほんこくげんざいしょもくろく》』に、郭璞《かくはく》（二七六〜三二四、西晋《せいしん》末の博物学者）の注が付された『山海経』や郭璞の『山海経図讃《ずさん》』などが載せられている。

『山海経』七「海外西経」には、被髪《ひはつ》（結わない散らし髪）の「長股《ちょうこ》」が描かれている。郭璞の注では、長股国に住む者の脚の長さは三丈（約九メートル）を超えると考えられる、とある。この点は、『白描絵料紙墨書金光明経』の足が長くやせ細っているものに通じている。

平安貴族社会では、長股は、非常に長い手を持つ長臂《ちょうひ》とセットで描かれることが多かった。これは郭璞の注に、長股はいつも長臂をおぶって海に入り魚を捕る、とあるからだろうか。たとえば、三巻本『枕草子』二一には、天皇の日常の御殿である清涼殿《せいりょうでん》に、荒海の絵や生きているものたちの恐ろし気なもの、すなわち「手長足長」の絵が描かれた障子があるとされている。これは、まさに『山海経』の長股と長臂のことである。

とすると、『白描絵料紙墨書金光明経』に描かれている足の長いものが長股ならば、ずんぐりとした方は長臂の影響を受けた図像であると推測できる。たしかにずんぐりとしたものは、足と比較すると若干手が長いようにも見える。あるいは、異様に足が短いので、『山海経』で「小人国」に住むとされる侏儒《しゅじゅ》の可能性もある。日本では、ある種の病は海を越えて海外からもたらされると考えられていた。そうしたことから考えても、中国の地理書『山海経』に描かれているものがモノノケのイメージに影響を及ぼした可能性はあるだろう。

このように、現存最古と考えられる『白描絵料紙墨書金光明経』のモノノケの図像には、三本指や逆立つ髪、ふんどしといった鬼の要素も見受けられるものの、それのみではなく、異様に足が長かったり短かったりするなど、典型的な鬼とは異なる要素も含まれている。その上、長い足のモノノケの尻には、何やらふさふさとした尾のようなものが付いている。この点も鬼とは異なると言えよう。結局のところ、モノノケの姿は、鬼の図像をもとにして想像され、平安貴族が畏怖していたものも組み合わされた上で構築されていたと考えられる。

第二章　いかに退治するか
――中世

一、高僧が説く方法

阿尾奢法の経典

モノノケの調伏《ちょうぶく》の方法は、経典にある阿尾奢法《あびしゃほう》を根拠として編み出されたと考えられる。「阿尾奢」とはサンスクリット語「アーヴェーシャ」(āveśa)の音写であり、漢訳仏典では「遍入《へんにゅう》」と訳されることが多かった。たとえば、空海《くうかい》(七七四〜八三五)や円仁《えんにん》(七九四〜八六四)らによって日本に招来された経典である不空《ふくう》訳『速疾立験魔醯首羅天説阿尾奢法《そくしつりゅうげんまけいしゅらてんせつあびしゃほう》』には、自らが魔醯首羅天になると観想《かんそう》した行者が真言を誦《じゅ》すると、所定の作法で加持した童男童女が震えだし「聖者」が遍入し、一切の善悪や吉凶などを問うと答える、とされている。阿尾奢法に関する経典としては、この他に『蘇婆呼童子請問経《そばこどうじしょうもんきょう》』や金剛智《こんごうち》訳『金剛峯楼閣《こんごうぶろうかく》一切瑜伽瑜祇経《いっさいゆがゆぎきょう》』などがある。阿尾奢法やそれに類するものは、漢訳仏典に多く見出すことができ、インド以来の密教にその淵源《えんげん》を遡ることができる（小田悦代『呪縛・護法・阿尾奢法――説話にみる僧の験力』。彌永信美「インド、中国、日本における憑霊信仰をめぐって――雑密文献の世界への入り口として」）。

天台僧の円珍《えんちん》（八一四～九一）が、密教についての様々な疑問点を唐の智恵輪三蔵《ちえりんさんぞう》に質問するために書いた『円珍疑問』には、魔醯首羅天説阿尾奢法を数人が修したもののうまくいかず、経文に書かれていない秘術口伝を教えてほしい、とある。つまり、円珍の周囲では、阿尾奢法が試されていた（上野勝之『夢とモノノケの精神史――平安貴族の信仰世界』）。

ただし、『速疾立験魔醯首羅天説阿尾奢法』などには、病気に関連する記述はない。一方、不動明王関連の経典には、病気と阿尾奢法との関連が書かれている。日本における憑祈祷《よりきとう》は、主に不動明王を本尊として行われていた。そこで、不動明王関連の経典に記された阿尾奢法に着目してみたい。たとえば、不空訳『金剛手光明灌頂経最勝立印聖無動尊大威怒王《こんごうしゅこうみょうかんじょうきょうさいしょうりゅういんしょうむどうそんだいいぬおう》念誦儀軌法品《ねんじゅぎきほうほん》』には、不動明王の象徴である剣と倶利伽羅龍《くりからりゅう》を描いて加持し、行者が観想して阿字《あじ》と炎を発生させ病人に見せると、病人に何者かが「阿尾奢」し、問うたことについて様々に答えるとある。

さらに、空海や最澄《さいちょう》（七八七～八二二）が重んじた般若《はんにゃ》訳『守護国界主陀羅尼経《しゅごこっかいしゅだらにきょう》』には、阿尾奢法を説いたのちに、病気治療についての記述があり、「癲癇鬼魅《てんかんきみ》」による病人がいれば、地面に「鬼神《きじん》」の姿を描き、「聖者」が入り込んだ童子に「楊枝《ようじ》」で「鬼神」の絵を鞭打たせよ、と記されている。そうすると、病人（に憑入した鬼神）は、鞭打たれたように泣き叫ぶ。救いを求め、永遠に去ることを誓い病は治る、とある。これは、ヨリマシを用いずに行う治病法である。

その他、不空訳『大薬叉女歓喜母《だいやくしゃにょかんぎも》并《ならびに》愛子成就法《あいしじょうじゅほう》』では童女に「聖者」を招き入れ、病の原因となる祟りの所在を尋ねて知り、病をもたらした「鬼魅」を追い払えば病は治る、とされている。

このように様々な漢訳密教経典に、日本のモノノケ調伏に通じることが記されている。モノノケの調伏は、不動明王関連の経典にある阿尾奢法をはじめとする、漢訳密教経典をもとに行われるようになったのだろう。

『作法集』という書物

第二四代醍醐寺座主《だいごじざす》成賢《じょうげん》（一一六二～一二三一）は、中納言藤原成範《しげのり》の子で、醍醐寺座主や東大寺別当《とうだいじべっとう》などを歴任した勝賢《しょうけん》（一一三八～九六）の甥《おい》にあたる。様々な御修法《みずほう》に勤仕し、験力があることで知られていた。成賢は、貴族社会でもその名を知られていたようである。

たとえば、成賢が七〇歳で入滅《にゅうめつ》したことを耳にした藤原定家《さだいえ》は、その死を非常に惜しんでいる（『明月記《めいげつき》』寛喜《かんぎ》三年〔一二三一〕九月二〇日条）。

さて、成賢には祈禱の作法を示した『作法集《さほうしゅう》』という著作がある。『作法集』は、勝賢が弟子である守覚法親王《しゅかくほっしんのう》（一一五〇～一二〇二）に授けた折紙《おりがみ》（古文書の形状の一つ）を集めて作られた『秘抄《ひしょう》』を増補改訂したものである。

「験者作法《げんざさほう》」は、天台僧承澄《しょうちょう》（一二〇五～八二）による『阿娑縛抄《あさばしょう》』一七五にも見える。『阿娑縛抄』は、天台宗の密教の諸作法や口伝、図像などを抄録した図像集である。『阿娑縛抄』の「験者作法」は、『作法集』と比べるとはなはだ簡略な記述にとどまっている。そこには、行者が本尊と一体化して病人を加持して呪《じゅ》と印明《いんみょう》で病人を守護し、三宝を勧請《かんじょう》して加護を要請せよとあり、その上で、まずは護法《ごほう》を招いてヨリマシに憑けて病人の状態を問い明らかにするべし、とする手順が示されているだけである。

『阿娑縛抄』「験者作法」には、一一世紀前半の比叡山横川《よかわ》の僧厳範《げんぱん》の「験者次第」に基づくべきである、と記されている。したがって、すでに一一世紀前半には、天台僧によって、ヨリマシと護法を用いてモノノケを退治するための次第が記されていたことになる（上野勝之『夢とモノノケの精神史――平安貴族の信仰世界』）。

『作法集』「験者作法」には、病気治療のための二種類の阿尾奢法が記されている。一つ目はヨリマシを用いない方法であり、二つ目はヨリマシを用いる病気治療の方法についてのものである。

『作法集』は、真言僧成賢の著作であるから、真言宗の作法について記されたものである。しかし、真言宗の『白宝口抄《びゃくほうくしょう》』に、「験者作法」はもともと天台宗の慈覚大師円仁の次第であるとされ、『阿娑縛抄』「験者作法」にある、まず護法をヨリマシに憑けて病人の状態を明確にするという手順も、のちに示す『作法集』「験者作法」の内容と一致している。「験者作法」は、もともと天台宗の作法だったのだろう。

ヨリマシを使わない阿尾奢法

『作法集』「験者作法」にある一つ目の阿尾奢法について、検討していきたい。原文は、漢文であり仏教の用語も多く難解なので、内容のみを記すことにする。まず、表題の下には「阿尾捨行《あびしやぎよう》唐には摂縛行《しようばくぎよう》と云《い》う」とあり、中国から伝来したものであるとされている。一つ目の阿尾奢法の概要は、次のとおりである。

病人を加持するとき、自分の体は本尊（不動明王）と同じ性質を具《そな》えたものとなる。観想と加持ののち、本尊の真言を唱えて、手に結んだ印を左方向に三度まわし、病をもたらした霊魂を招け。阿尾奢法を行う行者は、誓願をおこし「心を尽くしてお誓い申し上げます。大日如来、聖なる本尊、両部曼荼羅《りょうぶまんだら》の諸尊、明王、諸天、あらゆる仏、法、僧侶たちよ、私を哀れんで仏法の霊験を必ず現してください。この病人の苦しみを消し去り、安穏にしてください。もし、神が病人を悩乱させているのならば、仏の教えを説くことによって悪業の世界から離脱させます。もし、霊鬼が病人を苦しめているのであれば、私は霊鬼を降伏《ごうぶく》させ、正しい見解へと導き、仏の教えによって満足させます。私は、仏の使者となり、阿尾奢法を行います。護法天《ごほうてん》たちよ、どうか私の威力を助け、ご加護ください。これは善行を積み、仏になるための糧とするものです。私の能力のおよぶところではなく、仏法の力によるものです」と言え。次に、五大願、般若心経を行え。念珠と金剛杵《こんごうしょ》を持ち、本尊の真言を唱えよ。本尊の名号《みょうごう》を唱え、そののちに真言を唱えよ。真言の最後に、フーン、パットの字を加えよ。その時に、病気をもたらしたものを打ち砕く動作をせよ。次に、病人に体調の良し悪しを尋ね、病気をもたらしたものを、もとにいた場所へと送り放て。そのあとは、自身に護身、結界の法を施すのみである。

このように、一つ目の阿尾奢法には、ヨリマシについての記述は一切ない。まず、行者は、不動明王と一体となるように観想し、病をもたらした霊魂を呼び寄せ、諸々《もろもろ》の仏らに誓願をする。さらに、行者は、本尊の真言を唱えるなどしたのち、病気をもたらした霊魂を打ち砕くのである。霊魂の威力を削《そ》ぐことができていれば、病人の病状は快方に向かっているはずである。それゆえ、行者は、病人に対して体調を尋ね、霊魂の威力を削ぐことができたかどうかを確認する必要がある。霊魂の威力を削ぐことができていれば、霊魂を病人のもとから遠くへ送り放つことができ、それによって病人の病気は治癒するのである。

ちなみに「護法天」は、仏法守護の役割をもち、僧に使役されてモノノケの調伏を助けると考えられていた。「護法天」については、次節で詳述することにする。

「阿尾奢」とは、憑入《ひょうにゅう》するという意味である。ところが、「験者作法」にある一つ目の阿尾奢法には、霊鬼を何に憑入させるのかは明示されていない。ここに登場する人物は行者と病人のみであるから、おそらく霊鬼は病人に憑入させられるのだろう。

ヨリマシを用いる阿尾奢法

『作法集』「験者作法」にある二つ目の阿尾奢法は、ヨリマシを用いてモノノケを調伏する方法である。ヨリマシを病気治療や出産のときに使うことは、一〇世紀後半以降に主流となる。二つ目の阿尾奢法の手順は、次のとおりである。

行者は、まず初潮を迎えていない女性および童子を呼び、そのうちから一人を選べ。選んだ童子の手を洗って口を漱《すす》がせ、身体《からだ》の内外を清浄にさせよ。いつものように頭頂に香水をそそげ。童子の頭頂を手印で加持し、堅固なものとさせよ。次に、守護者を勧請して童子の身体に招き入れ、病の善悪や生死《しょうじ》などについて説かせよ。その後、本尊の真言を唱えよ。まず病をもたらした霊鬼を呼び、童子の身に縛入せよ。もし童子の身に霊鬼が入れば、童子は挙動する。実体がないものの場合や実体があるものの場合、もしくは魔の場合、霊の場合など、それぞれの場合によって、童子の様子は異なってくる。この点については、『蘇婆呼《そばこ》童子経《どうじきょう》』に書かれているので参照せよ。もし、本当に霊魂が童子の身体に入れば、病人の病気は快方に向かう。そのときに、印を結び、病人を加持して堅固な状態にし、そののちに童子にむかって様々なことを問え。そして、病気をもたらした霊魂から病人を守護する真言を唱えよ。

ここでは、まずヨリマシを選び清浄にする必要がある、とされている。その後、ヨリマシを「堅固」な状態にする理由は、ヨリマシが「守護者」や「霊鬼（霊魂）」の言葉を明確に語れるようにするためだと考えられる。ここで言う「守護者」とは、一つ目の阿尾奢法の「護法天」と同じ存在なのだろう。モノノケの調伏では、護法が非常に重要な役割を果たしていた。したがって、「験者作法」に出てくる「守護者」は、護法であると解釈されたと考えられる。また、「霊鬼」や「霊魂」とは、病気をもたらしたモノノケや神、鬼などを指す。

「験者作法」の手順は、まず、「守護者」をヨリマシに憑入させて語らせたのち、病気をもたらした「霊鬼」を「縛入」し、語らせるというものである。すなわち、「守護者」と「霊鬼」は、この段階で、ともにヨリマシの体内に憑入していることになる。「守護者」については「縛入」という表現は使われておらず、単に招き入れるように指示されて「霊鬼」とは異なる扱いを受けている。「霊鬼」は、「縛入」されるとの表現から、その時点において僧侶の験力により呪縛され、弱体化させられていることになる。「霊鬼」がヨリマシの体内に「縛入」させられた時点で病人の病気は快方に向かうとされる理由は、病人から「霊鬼」が遠ざけられるからだろう。

二、手順の確立——専門化と簡略化

モノノケのヨリマシへの憑依

「験者作法」に説かれた調伏の方法は、実際に行われていたものと異同があるだろうか。そこで、この点について、古記録や説話などをもとに考えていきたい。

まず、『今昔物語集』二〇―七には、文徳《もんとく》天皇の母の「染殿后《そめどののきさき》」（実際には文徳天皇の女御）がモノノケによる病を患ったことが語られている。概要は次の通りである。

染殿后が常にモノノケに悩んでいたので、霊験が著しいと評判の僧が集められ、験者の修法も行ったものの、少しもよくならなかった。そこで大和国葛城《やまとのくにかづらき》山の頂上の金剛山《こんごうせん》に住む聖人《しょうにん》が招かれ加持をしたところ、たちどころにしるしが現れ、后の侍女の一人が「神」に憑依され、たちまち錯乱して泣き喚き、走り回って叫びはじめた。聖人がますますこれを加持したところ、侍女（に憑依させられた「神」）は縛られ打たれて責め伏せられた。すると、侍女の懐の中から一匹の「老狐《ろうこ》」が出てきて、転がりながら倒れ伏し、走って逃げることができなくなった。そのとき聖人は人に命じて狐を結わえ付け、悪道を去るように教え諭した。后の病は一両日中によくなったのであった。

この説話には、「験者作法」にあるような詳しい所作については記されていない。ただし、加持によって、病人以外の者に憑依させられ、縛られ打たれた後に、正体を現すという点は共通している。また、「験者作法」にある一つ目の阿尾奢法《あびしゃほう》には、「霊鬼」を降伏させたのちに正しい見解へと導くように、とされている。この点についても、金剛山の聖人は「老狐」

を責め伏せたのちに教化しているので、共通していると言える。

さらに、ヨリマシを使わない阿尾奢法には、「霊鬼」を屈伏させるときに、打ち砕く動作をせよ、とある。この点についても、実際に行われていたと考えられる。たとえば、藤原定家の日記『明月記』寛喜二年（一二三〇）正月二日条には、九条道家《くじょうみちいえ》の妻の出産時の苦しみがモノノケによるものと判断されて加持がなされ、モノノケを打つ音が高く響き渡った、とある。加持を担当する僧が何かを打って大きな音を出すことにより、モノノケを打ち責めることができると考えられたのだろう。

モノノケを打ち責める護法

モノノケを調伏するにあたっては、護法《ごほう》が非常に重要な役割を担っていた。護法は、仏法守護の役割を担い、験力のある僧を守護したり僧に使役されたりする存在であると考えられていた（小山聡子『護法童子信仰の研究』）。それによって、病気治療の場面でも、護法の活躍が大いに期待されたのである。護法は、童子の姿で捉えられることが多く、しばしば不動明王の眷属《けんぞく》の制多迦童子《せいたかどうじ》の姿をもとにイメージされた。モノノケの調伏をする際、不動明王を本尊とする場合が多かったことが関係するとみられる（小山聡子「護法童子信仰の成立と不動信仰」）。

さて、一つ目の阿尾奢法では、「護法天」は行者を助ける役割を担っていた。二つ目の阿尾奢法では、ヨリマシの身に招き入れられる「守護者」が護法にあたると考えられる。「守護者」は、病気の良し悪しや病人の生死について語る役割を与えられている。その後、「守護者」が「霊鬼」を打ち責めるとする記述はないものの、説話や往生伝などでは、護法はモノノケを打ち責める役割を与えられていた。

たとえば、『信貴山縁起絵巻《しぎさんえんぎえまき》』「延喜加持《えんぎかじ》の巻」では、醍醐《だいご》天皇が病に倒れたときに、信貴山の命蓮《みょうれん》が山から剣の護法を遣わして天皇の病を治した、とされている。『信貴山縁起絵巻』に描かれている剣の護法は、不動明王の姿に似ており、剣と索《さく》を手にした童子の姿をしている。この剣と索で、病をもたらしたものを退治したのだろう。

護法童子像（比叡山延暦寺所蔵、彫像）

さらに、『宇治《うじ》拾《しゅう》遺《い》物語《ものがたり》』九「宇治殿倒れさせ給《たまい》て実相房僧正《じっそうぼうそうじょう》験者《げんざ》に召《めさるる》事《こと》」は、藤原頼通《よりみち》（宇治殿）が倒れて気分が悪くなったときの説話であり、護法の活躍が語られている。

高陽院《かやのいん》を修造された時、宇治殿が乗馬でお越しになったところ、お倒れになり気分が悪くなられた。そこで、天台宗の心誉僧正に祈ってもらおうと使いを遣わしている時、僧正の到着前に頼通に仕える女房の部屋住みの女童《めのわらわ》にモノノケが憑依して、「ほかでもありません。私がちょっと見つめ申し上げたために、このようになられたのです。僧正が参上される前に、護法が先だってやって来て追い払いましたので、逃げ出したのです」と申したのである。その後、宇治殿の体調はすぐによくなられた。心誉僧正は、素晴らしい験者であったとか。

通常の場合、病人のもとに験者が招かれて加持などをすることによって、護法を使役してモノノケを打ち責めさせる、とされていた。それに対して、天台僧の心誉は、自身の到着前に頼通のもとに護法を遣わしモノノケを追い払わせるほどの力があり、すばらしい験者であった、と称賛されているのである。

追い払われるモノノケ

一一世紀には、モノノケを調伏したのちに、モノノケを放出することはなかった。モノノケを調伏しても病気がよくならない場合には、何度もモノノケの調伏が行われ続けたのであり、その後についての記録はない。ところが、一二世紀になると、調伏後、病気がよくなった時点で放出されることになる。この点については、一つ目の阿尾奢法にも記されており、説話や往生伝では、モノノケを追い払うのは、護法であるとされている。たとえば、藤原頼通の病気治療のために心誉の護法がモノノケを追い払ったことからも、放出がなされていたことが分かる。モノノケを遠方へ追い払わなくては、モノノケは再び病人のもとに戻ってきてしまう。それでは治癒しないので、一二世紀になってモノノケの放出が行われるようになったのだろう。モノノケの放出がなされるようになった背景には、おそらく、モノノケを調伏してもなかなか治癒しなかったことがある。

放出は、病気がよくなってから行われるので、調伏をしてから比較的すぐになされる場合もあれば、一か月以上経過してから行われる場合もあった。平徳子《とくこ》の出産後には、モノノケの放出がなされている。中山忠親《ただちか》の日記『山槐記《さんかいき》』によると、徳子の母平時子《ときこ》の例にならって、修法の壇所に物付《ものつき》（ヨリマシ）が召され、モノノケが追われている。つまり、モノノケは調伏されてから追われるまでの間、物付に憑依し続けていたのである。

追い払われたいモノノケ

それでは、モノノケにとって、追い払われることは都合が悪いことなのだろうか、『後拾《ごしゅう》遺往生伝《いおうじょうでん》』上—三には、次のような面白い話がある。
上野守家宗《こうずけのかみいえむね》の妻が病気になった。そこで、仁和寺《にんなじ》の性信《しょうしん》に護身《ごしん》をしてもらったところ、たちまちに効験があって病気が治り帰宅した。その七、八日後、家宗は上野国に赴任した。すると、家宗の義母が突然やって来て、「なぜ私を放たないまま、遠く関東へ赴いたのか」と抗議した。それに対して、家宗は、義母は何者かに憑依されているのだと考え「何者か」と尋ねたところ、義母は「住吉大明神《すみよしだいみょうじん》だ。性信親王は、加持ののち、私のことを辟除《びゃくじょ》〔病気をもたらしたものを遠くへ追い払うこと〕しなかったのだ」と言った。そこで、ともに性信のもとを訪れ、性信が解縛《げばく》したのちに家宗たちは帰ったのであった。

住吉大明神も随分と馬鹿にされたものである。住吉大明神といえば、国家の一大事が起きた時に朝廷からの奉幣《ほうへい》を受けるほどに重要な神だったはずである。性信が病気治療のために行った「護身」は、のちの箇所で「加持」と言い換えられている。そもそも護身は、身体を守るために行われていた。ただし、一二世紀になると、護身によってヨリマシにモノノケを憑依させる事例が出始め、盛んに行われるようになるのである。性信は、護身をした時点で、病気をもたらした正体が住吉大明神であると知っていたことだろう。通常、病気をもたらしたものが神である場合には、祭や祓《はらえ》が行われていた。それにもかかわらず、なんと性信は、呪縛を解いて遠方へ放つことすら怠ったのである。ここからは神を調伏することへの恐れはいささかも読み取れない。仁和寺の性信の伝であるから、このような話を盛り込むことによって、性信を住吉大明神よりも高位に位置づけようとしたのだろう。

性信の伝からは、モノノケなどは、呪縛されたのちに解縛・辟除されないと自由の身になれない、と考えられていたことが分かる。要するに、追い払ってもらわないと、呪縛されたモノノケや神にとって、大変都合が悪いのである。

神の調伏

本来、神を調伏することは禁忌であった。たとえば、病気の原因が疫病とモノノケの両方によると判断された場合、神気《しんけ》を畏《おそ》れ、加持によるモノノケ調伏は避けられた傾向にある（谷口美樹「平安貴族の疾病認識と治療法——万寿二年の赤斑瘡流行を手懸りに」）。疫病は、疫神がもたらすものだからである。多くの場合、この双方を同時に患った場合には、陰陽師による禊《みそぎ》や祓、祭によって対処された。神は人間に祟りをもたらすことにより、自身の要求を伝えると考えられていた。それによって、病気を治すために、神の要求を聞き入れることも行われていた。

加持による調伏を行わないことにより、モノノケの威力は増してしまう。それによって、第一章に記した藤原道長のようにモノノケ調伏を優先させる貴族もいた。

また、神事の日には、仏事は避けられるという神事優先の原則があった。貴族社会では、仏事への依存が大きかったものの、神事を優先していたのである（三橋正『平安時代の信仰と宗教儀礼』）。避けられた理由は、仏教が死のイメージと結び付けられ、穢《けが》れと同一の次元で捉えられていたからだと考えられる。それゆえ、たとえモノノケによる病を患っても、神事の日にはあえて加持をせず、神事終了後に行っていたのである。これほどまでに、神は畏怖されていた。

ところが、『後拾遺往生伝』性信伝では、性信によって住吉大明神は呪縛されるのみならず、解縛してもらえず、抗議するに至っている。神であるにもかかわらず、モノノケと同等、もしくはそれ以下の扱いを受けているのである。同じく一二世紀以後の成立と考えられる『天台南山無動寺建立和尚伝《てんだいなんざんむどうじこんりゅうかしょうでん》』では、無動寺の相応《そうおう》は、勅命によって阿尾奢法を行い、松尾明神《まつおみょうじん》を呪縛したとされている。

また、高山寺《こうざんじ》の明恵《みょうえ》（一一七三〜一二三二）によって記された疫病の治療法がある。金沢文庫《かなざわぶんこ》所蔵『加持温病法《かじうんびょうほう》』には、明恵が秘法である加持温病法を行ったところ、病人の病気が平癒した、とされている（小山聡子「覚如が生きた時代の疫病治療」）。一二世紀以降には、神への畏怖は薄れ、疫病の治療に加持による調伏がなされていた。

さらに、一二世紀以降の記録には、神事の日にモノノケの調伏がなされていた事例をしばしば見つけることができる（小山聡子「中世前期の病気治療における神とモノノケ」）。たとえば、『玉葉《ぎょくよう》』文治《ぶんじ》三年（一一八七）四月一日条には、平野祭《ひらのまつり》、松尾祭《まつのおまつり》などの神事の日であるのに、後白河院が病気になり、モノノケの調伏がなされたことが記録されている。病気が快方に向かった同月一三日、後白河院から、治療に携わった僧侶らに褒美を与えるようにとの命があった際に、九条兼実《かねざね》はそれはモノノケを放出する日に行うべきであり、今日と明日は神事があるから、それが過ぎてから行うべきであると進言している。後白河院が神事の日のモノノケ放出をあまり気にかけていないのに対して、兼実は禁忌であると判断したのである。

ところが、そのような兼実ではあっても、うっかりしてしまうこともあった。建久《けんきゅう》二年（一一九一）、娘の任子《にんし》がモノノケによる病を患ったときのことである。一一月九日は、八十《や そ》嶋発遣《じまはっけん》の日であった。八十嶋は、即位儀礼の一環として大嘗会《だいじょうえ》の翌年に、勅使を摂津国難《せっつのくになに》波津《わづ》に派遣し、天皇の衣を収めた筥《はこ》を振り動かして治世の安泰を祈願するという、一世一代の重要な神事である。それにもかかわらず、兼実やその周囲の者たちは、すっかりそのことを忘れ、モノノケの放出をしてしまったという（『玉葉』）。

一二世紀末には、最高の神格だったはずの天照大神《あまてらすおおみかみ》が仏教の梵天《ぼんてん》や帝釈天《たいしゃくてん》、さらには泰山府君《たいざんふくん》などの道教的な神よりも下位に位置づけられていた（佐藤弘夫『アマテラスの変貌——中世神仏交渉史の視座』）。このような動向が、神の調伏にもつながっていったのだろう。中世前期は、神が篤く信仰された時代であった。しかし、その一方で、人間の都合によって、神を蔑《ないがし》ろにする行為も憚りなくなされるようになっていた。

ヨリマシの担い手と待遇

一二世紀になると、物付《ものつき》と呼ばれる者がヨリマシとされるようになる。物付には、巫女《みこ》の他、憑依されることに長《た》けた女房も選ばれていた。つまり、ヨリマシを職業的、もしくは半職業的に務める者が必要とされるようになったのである。ヨリマシにモノノケを憑依させて放出が行われるようになるまでには一か月以上かかることもあった。したがって、放出の儀礼がなかった時期と比べると、憑依される者には時間が必要で、またモノノケを制御する専門的な技量も必要とされるようになったのだろう。女房や女童《めのわらわ》などには、容易には務まらなくなったのではないだろうか。

たとえば、『山槐記《さんかいき》』治承《じしょう》二年（一一七八）一〇月二七日条には、出産を控える平徳子（高倉《たかくら》天皇中宮、平清盛《きよもり》の娘）のもとに、園城寺《おんじょうじ》の権僧正《ごんのそうじょう》房覚《ぼうかく》がモノノケ調伏のために招かれた時のことが書かれている。まず房覚は、一度女房（徳子に仕える女房か）にモノノケを憑依させ、さらに女房を介して物付に憑依させている。これは、房覚が、女房よりも物付にモノノケを憑依させる方がふさわしいと考えたからだろう。物付の方がふさわしいとされた理由は、より確実にモノノケの言葉を伝えることができると判断したからである。

一二世紀半ば以降の記録には、モノノケの放出後や出産後に、僧侶や陰陽師、医師とともに物付への褒美についても見られる。ヨリマシが、職業的、または半職業的に務められるようになり、褒美が下賜されるようになったのであろう。

通常、僧侶（阿闍梨《あじゃり》、験者《げんざ》）→物付→医師→陰陽師の順に褒美が下賜されていた。物付は、験者によって連れてこられた者だと考えられるので、褒美を与えられる順序が験者の次とされたのだろう。

では、物付はどのような褒美を下賜されていたのだろうか。まず、後鳥羽《ごとば》天皇中宮の九条任子が建久二年（一一九一）正月頃より病気を患った時の記録を見てみよう。五月、任子の病はモノノケによるものだと判断され、薬師法やモノノケのヨリマシへの駆り移し（追い移し）がなされた（『玉葉』五月二日・一三日条）。五月二六日の暁には、修法の壇をもうけた上で、モノノケの放出が行われている。このとき験者には、単衣《ひとえぎぬ》（裏のない一重の衣）が与えられ、その後さらに衣一具が届けられている。この時、物付には、衣三領が下賜された。

ところが、任子の病は再び悪化してしまった。モノノケによるものと判断され、九月二三日にモノノケの駆り移しなどが行われた。一〇月一五日、任子の父兼実の邸《やしき》にしばしば験者として出入りしていた智詮《ちせん》が加持をしたところ、容体が非常によくなった。また、兼実の日記『玉葉』によると、兼実の異母弟にあたる興福寺の信円《しんえん》大僧正が治病のために供養した不《ふ》空羂索観音像《くうけんじゃくかんのんぞう》が光を放ち任子の身体を照らして守護した夢をある者が見たという。この件について、兼実は、日ごろより信仰している春日大明神《かすがだいみょうじん》の加護によるものだと解釈している。ちなみに、興福寺は藤原氏の氏寺《うじでら》であり、春日大明神は藤原氏の氏神《うじがみ》である。

さらに兼実は、同母弟の天台僧慈円《じえん》が任子の臥内《がだい》（寝所）で護身を行っている間に、ひそかに一人の老女が寝所を出、逃げて行方をくらましたところを見たという。これについて兼実は、実に不可思議なことであり、慈円の験によるものだとしている。つまり、この老女こそが病をもたらした正体であり、慈円の護身によって退散した、と判断したことになるだろう。感激した兼実は、信円に表着（重ね着の衣類の最上位）と牛一頭、読経僧たちに小袖など、智詮には生《き》の衣二領、物付には同じく一領を下賜した。つまり、物付は、験者智詮の半分の禄《ろく》をもらったことになる。

悦《よろこ》びもつかの間、任子の病はまたもや悪化し、モノノケの駆り移しも継続して行われることになった。結局、病がよくなり智詮によってモノノケの放出がなされたのは、一一月九日のことである。この時には、智詮と物付に褒美が下賜された。智詮への褒美は、櫨紅葉《はじもみじ》の衣を五領、青の単衣、牛一頭、鈍色《にびいろ》の装束一具であり、さらには法眼和尚の位も与えられた。物付は、薄色の生の衣二領、長絹《ちょうけん》三疋《ひき》、綿三〇両、垸飯《おうばん》二具、湯帷《ゆかたびら》などを下賜されている。この時の褒美の量は、五月にモノノケの放出をしたときよりも、多くなっている。これは、モノノケをヨリマシに駆り移してから放出するまでの期間が後者の方が長いからなのだろう。

では、物付が一一月九日に下賜された禄にはどれぐらいの価値があったのだろうか。『兵範記《ひょうはんき》』仁平《にんぺい》二年（一一五二）三月八日条には、備中守《びっちゅうのかみ》藤原光隆《みつたか》から納められた物と、それを絹の長さの単位である疋に換算した価格が記録されている。任子が病になった建久二年の約四〇年前の記録となるが、参考までに見ていきたい。

白織物三重袿一領、代百八十疋、
紅《くれない》打細長《うちほそなが》一領、　代八十疋、
白綾《しらあや》細長二領、　代百疋、領別五十疋、
綾櫻《あやざくら》小袿三領、　代三百卅疋、領別百十疋、

まず、衣といえば袿《うちかけ》を指すことが多いので、薄色の生の衣とは、薄色（薄紫色）の絹製の袿であったと考えられる。ちなみに、袿とは、狩衣《かりぎぬ》や直衣《のうし》といった表着の内に着る衣のこ

とである。「細長」とは、袿に似ており大領《おおくび》（前襟）がない衣であり、幼児が着ける身幅の狭い晴れ着である。物付が下賜された薄色の生の衣がどのような袿であったかは不明であるものの、一領およそ百疋前後の価値があったのではないかと考えられる。

次に、長絹は、織丈の長い絹のことである。『兵範記』には、次のようにある。

八丈絹六十三疋、　代六千三百疋、疋別百疋、

もし物付が下賜された長絹が八丈であるのならば、長絹三疋を下賜されているので、絹に換算した価格は三〇〇疋となる。

綿の価格は、次の通りである。

綿百卅両、　代二百六十疋、両別二疋、

物付は、綿三〇両を下賜されていた。したがって、絹に換算すると六〇疋となる。垸飯と湯帷については『兵範記』には記述がなく、ほぼ同時代の他の史料でもその価格を知ることはできないので、不明である。結局のところ、物付が下賜された衣、長絹、綿には、四〇年

前の物価で換算すると、約五六〇疋の価値があったことになる。また、一〇月一五日に下賜された衣一領を百疋と換算するのならば、物付は九月二三日のモノノケの駆り移しから一一月九日の放出までの間に約六六〇疋分もの禄を下賜されたことになる。『兵範記』によると、「能米《のうまい》」（玄米）二〇石は絹二〇〇疋に値する。とすると、六六〇疋は、玄米六六石分となる。

一二世紀の人件費とも比較してみたい。久寿《きゅうじゅ》二年（一一五五）八月の「丈六金色《じょうろくこんじき》阿弥陀仏像支度注文案」（『平安遺文』一〇―補八二）は、丈六阿弥陀仏像を造立するのに必要な材料とその費用、技術者（仏師、鍛冶《かじ》、漆工、金工）の賃金を、「能登講師慶與《のとこうしけいよ》」が請求した文書である。「御衣木料」として全部で絹三五〇〇疋が請求されている。仏教美術史研究者の清《し》水善三《みずぜんぞう》氏は、この時に請求した食糧米の総計に着目し、一人一日四升の食糧米を支給されたと仮定して、通常丈六仏を造立するときには一〇名前後の仏師が携わることから、一二五日ほどの造立期間であるとし、仏師一人の一日あたりの人件費は二・八疋となると計算している（清水善三『平安彫刻史の研究』）。これによると、仏師は、丈六仏造立により、一二五日間で三五〇疋を手にしたことになる。

それに対して、物付は、建久二年の任子の病気治療時には、九月二三日から一一月九日までの四八日間で約六六〇疋の禄を下賜されており、一日あたり一三・七五疋となる。このことからも、任子の祈禱に携わった物付への禄の手厚さが分かる。

重要視された物付

では、物付への褒美は、医師や陰陽師と比較するとどうであろうか。出産時には、僧、物付、医師、陰陽師のすべてが呼ばれるので、出産の記録を見ていく。

まず、平徳子が皇子（後の安徳《あんとく》天皇）を出産した治承二年（一一七八）一一月一二日、『山槐記』によると、まず阿闍梨に褒美が下賜された後に験者に下賜された。験者五人には、それぞれ褂を六枚から八枚と単衣、さらには表着まで与えられている。皇子が誕生したために、褒美も奮発されたのだろう。次に、物付三人には、それぞれ衣二領ずつが与えられている。物付の次には、医師である典薬頭《てんやくのかみ》和気定成《わけのやすしげ》が衣一具を下賜され、四位《しい》の陰陽師らは白褂一重（緋重《ひがさね》、単衣、重褂）が、五位の陰陽師らは白褂一領が下賜されている。

さらに、藤原任子が昇子《しょうし》内親王を出産した建久六年（一一九五）八月一三日にも、褒美が下賜されている。諸壇を担当した阿闍梨ののち、験者への褒美が下賜されている。この時の褒美は、験者四人にそれぞれ二重織物と単衣を一領ずつであったという。徳子の出産時と比較して少ない理由は、誕生したのが内親王だったからである。任子の父兼実は、皇子の誕生を強く祈念していた。それによって、出産時には大規模な祈禱を行わせたにもかかわらず、生まれたのは内親王であり、兼実は落胆したのである。物付三人への褒美は、それぞれ単重一領であった。次に褒美を与えられた医師も、物付と同様、単重一領とされている。この時に招かれた医師は、典薬頭丹波頼基《たんばのよりもと》であった。物付は、典薬頭と同等の褒美を下賜されたことになる。それに対して陰陽師は白褂一重であった。徳子出産時には、典薬頭和気定成は、多くの褒美を下賜されている。その時々に活躍したと判断された者には、多く褒美が下賜されたのだろう。

このように、その時々によって褒美の量は異なるものの、物付への褒美は、時には陰陽師や典薬頭と大きく変わらなかったことになる。これは、物付が病気治療や出産におけるモノノケ調伏で、きわめて重要な役割を担っていたからに他ならない。実際のところ、モノノケを一定期間留めてから放出するという一連の病気治療は、記録を見る限り、成功することが多かった。託宣を専門とする物付がヨリマシとして選ばれるようになり、憑依される者の質が高くなったことによるのだろう（上野勝之『夢とモノノケの精神史——平安貴族の信仰世界』）。

ちなみに、モノノケの調伏においては、放出儀礼の追加や憑依者が変化しただけではない。一一世紀中期まではモノノケによる病は僧侶による加持や修法などによって治療されていたが、一一世紀後期になると僧侶の加持などと併修するかたちで陰陽師の祭祀も加えられる（赤澤春彦「日本中世における病・物気と陰陽道」）。前述したように、人間に災いをもたらした神が、時にはモノノケと同様の扱いを受けるようになるなど、神の地位が次第に低下していったことも、病気治療における分掌の境界線が曖昧になっていった理由の一つなのだろう。

また、一二世紀後期になると、モノノケの意味にも変化が見られるようになる。前述したように、そもそもモノノケとは、いまだ何の気か正体が不明な段階で用いられた語であった。ところが、平康頼《やすより》の『宝物集《ほうぶつしゅう》』（一二世紀後期成立）には、関白藤原頼通が病に倒れた時に父道長が『法華経』「寿量品《じゅりょうぼん》」を読み「我子の命たすけ給へ」と叫んだところ、頼通の舅《しゅうと》にあたる「具平《ともひら》親王の物《もの》の化《け》」が現れたと語られている（第二種七巻本系）。要するに、ここでは、正体が明確な霊を「物の化」と呼んでいることになる。「物の化」という表現からは、モノノケとは「気」ではなく、化ける性質を持つと認識されるようになり始めたことが分かる。

三、囲碁・双六・将棋の利用

中国の囲碁と双六

物付が重んじられるようになった理由は、モノノケの調伏が験者の力のみにはよらなくなったことが挙げられる。女房や女童がモノノケに憑依される対象だった一一世紀には、モノノケを調伏する主体はあくまでも験者であり、女房らは受動的な役割を担っていた。しかし、少なくとも一二世紀後期以降の物付は、能動的な行為をするように変化していく。モノノケの調伏が成功するかどうかは、物付の技量にも大きく左右されたのである。それにともなって、調伏の方法にも変化が見られるようになる。

一二世紀末頃の成立と考えられる河本家本《こうもとけぼん》『餓鬼草紙《がきぞうし》』二「伺嬰児便餓鬼《しえいじべんがき》」には、出産のための祈禱に携わった験者と巫女が描かれており、巫女の傍らには双六盤《すごろくばん》が置かれている。一体、何を示すためにわざわざ双六盤が描かれたのだろうか。実は、モノノケの調伏は、囲碁、双六、将棋と関わっていた。そこでその理由について探っていきたい。

巫女と双六盤の絵　『餓鬼草紙』（東京国立博物館所蔵、河本家本）

そもそも、囲碁や双六といった盤を用いるゲームは、占いに端を発していた。たとえば、古代エジプトの壁画にはゲームの盤を占具や祭具として用いる様が描かれているし、中国漢代のイコンには盤を使うゲームに興じる神々の姿が描かれている。中国古代の囲碁盤は祭祀の際の祭壇だったという指摘もある（安永一『中国の碁』）。後漢の斑固《はんこ》（三二〜九二）の『弈旨《えきし》』や北宋《ほくそう》の張擬《ちょうぎ》の『碁経《きけい》十三篇』「棋局」によると、碁盤は大地を、碁石は天体を象徴し、盤の四隅は四季をあらわしており、白と黒の碁石は陰陽にのっとっているという。さらに、晋代の『抱朴子《ほうぼくし》』や『捜神記《そうじんき》』、唐代の『酉陽雑俎《ゆうようざっそ》』、宋代の『太平寰宇記《たいへいかんうき》』などには、仙人が碁を打つ説話がある。仙人は、碁盤上にミニチュア化した世界の想像や破壊をして楽しむ、と考えられていたのである（大室幹雄『囲碁の民話学』）。

前漢の逸話を集め唐代に広く読まれた『西京雑記《せいけいざっき》』にも、劉邦《りゅうほう》の戚《せき》夫人の侍女賈佩蘭《かはいらん》が宮中に仕えていた頃の思い出話として興味深いことが書かれている。

> 八月四日、雕房《ちょうぼう》の北の戸口を出たところにある竹の下で囲碁を打つ。勝負に勝った者は一年中福があり、負けた者は一年中病気を患う。糸を手にとり、北斗七星に向かって長寿を求めれば病気にならないで済む。

北斗七星に向かって願った理由は、北斗七星が人間の死期を掌《つかさど》る星だとされていたからだろう。『西京雑記』にあることの記述から、囲碁は占いのために行われていたことが分かる。

また、中国の春秋時代から漢代にかけて、六博《りくはく》という双六に似たゲームが人気を博していた。六博は、地域によって異なるものの、賽子《さいころ》として六本の箸を投げながら、六個ずつのコマを動かすなどして遊ぶゲームだったようである。実は、六博は、祭具や占具としても用いられていた。その上、盤上の博局紋（幾何学線の紋様）には魔除《まよ》けのはたらきがあり、賽子には神性がある、と考えられていた（小倉結「六博論――中国古代の盤上遊戯の研究」。鈴木直美「中国古代のボードゲーム」）。

占いのための具

隋の歴史書で七世紀成立の『隋書《ずいしょ》』「東夷伝《とういでん》・倭国《わこく》」によると、「倭人《わじん》」は囲碁や双六、博打の戯れを好むとされており、日本で盛んに行われていたことが分かる。中国の思想は日本の囲碁観にも大きな影響を及ぼしていた。

たとえば、藤原頼長の日記『台記《たいき》』天養《てんよう》元年（一一四四）八月四日条には、頼長が『西京雑記』の故事に基づき八月四日に竹の下で囲碁の勝負をし、勝負に勝った尾張兼忠《おわりかねただ》には福があるかもしれない、と記されている。左大臣にまで昇りつめた藤原頼長は、中国の古典に精通しており、博識多才で知られていた。

双六も、囲碁と同様に、占いのために行われていた。少なくとも、一二世紀前半には、国《こく》衙《が》に双六別当という役職があり、神意を伝える役割を担っていた（網野善彦「中世遍歴民と芸能」）。また、双六博徒は、しばしば取り締まりの対象とされていたものの、芸能者でもあった（増川宏一『日本遊戯思想史』）。

囲碁や双六のみではなく、将棋も占いに関わっていた。源師時《みなもとのもろとき》の日記『長秋記《ちょうしゅうき》』大治《だいじ》四年（一一二九）五月二〇日条によると、鳥羽院《とばいん》は覆物の占いを行わせている。覆物の占いとは、射覆《せきふ》と言い、覆われた物の中身を当てることである。この時、占いには将棋の駒が使われた。

儀式に使われた囲碁盤

『長秋記』天永《てんえい》二年（一一一一）一二月四日条では、髪の裾を切りそろえて成長を祝う儀式である髪曽木《かみそぎ》の儀で、幼少の鳥羽天皇（一一〇三〜五六）が囲碁盤の上に立った、とされている。さらに、『同』長承《ちょうしょう》三年（一一三四）一二月五日条には、鳥羽天皇第二皇女統子《とうし》内親王と第四皇子雅仁《まさひと》親王、第五皇子本仁《もとひと》親王の髪曽木の儀でも、三人とも囲碁盤に上っている。

前述したように、中国では、囲碁盤は大地を、碁石は天体を象徴していた。親王や内親王が囲碁盤の上に立つことは、世の支配を象徴したのだろうか。あるいは、囲碁が仙人の遊ぶ遊戯であり、囲碁盤で占いもしており、神などの聖なるものと交流する具であったことからすると、健やかな成長を祈るためにその盤が用いられた可能性もあるだろう。

ちなみに、幼少時に囲碁盤に上り髪を削ぐことは現代も継承されており、平成二三年（二

○一一）一一月三日、悠仁《ひさひと》親王が深曽木《ふかそぎ》の儀（中世後期以降、深曽木という呼称が定着した）で囲碁盤に上り、毛先を切った後に飛び降りている。

髪曽木の儀の他には、釈迦が誕生したとされる四月八日の灌仏会《かんぶつえ》で、布施を囲碁盤の上に置く作法があった（『江家次第《ごうけしだい》』、『長秋記』天承《てんしょう》元年〔一一三一〕四月八日条、『兵範記』治承二年〔一一七八〕四月八日条、『勘仲記《かんちゅうき》』弘安《こうあん》七年〔一二八四〕四月八日など）。

賽子の持つ力

双六盤から紫の上が飛び降りる場面　『絵入源氏物語』葵（国文学研究資料館所蔵）

さらに、産養《うぶやしない》（出産後三、五、七、九日目の夜、赤子が丈夫に育つことを祈念し、邪霊祓いに赤子に粥《かゆ》を食べさせる真似《まね》などをする儀式）では、賽子《さいころ》や囲碁盤が使われていた。そこでは、攤《だ》を打ち、その後に碁手銭や碁手紙（碁や双六の勝負に賭ける紙）が下賜されていた。攤とは双六そのものを指すのではなく、賽子を振る行為を指す（増川宏一『さいころ』）。

賽子の示す目には、特別な意味が持たされていた。たとえば、歴史物語『大鏡《おおかがみ》』「右大臣師輔」には、村上天皇が庚申待《こうしんま》ちの攤の際に、藤原師輔が娘の安子《あんし》（村上天皇の女御）が懐妊中だったために、「この孕《はら》まれたまへる御子《みこ》、男におはしますべくは、調六出《じょうろくい》で来《こ》」（このご懐妊中の御子が、男子でいらっしゃるのならば、調六が出て来い）と言って打った話がある。調六というのは、二個の賽子の目が両方とも六になることを指す。賽子を振ったところ、なんとそれぞれの賽子の目は六だったという。これを見た師輔は大層喜んだ。ところが、この場には藤原元方も同席していた。元方の娘が村上天皇との間に儲《もう》けた皇子は、皇太子候補だったのである。元方にとっては、安子が産む子が男子では実に都合が悪い。調六を目にした元方は、ひどく機嫌を悪くし、青ざめていた、と語られている（増川宏一『さいころ』）。

ちなみに、一一世紀初頭までの攤は賭博であったが一一世紀末以降には、一から六の目がある賽子ではなく、必ず良い目が出るよう、六の目しかない賽子が用いられていたと考えられる（錦織和晃「産養・移徙《わたまし》儀礼における攤」）。おそらく、産養の攤は、赤子の福を祈願する意味、もしくは障礙《しょうがい》をなすものを祓う意味があったのだろう。必ず六の目が出る賽子を用いて攤を打つことにより、赤子に災いが降りかからないようにしたのである。

病気治療のための囲碁と双六

実は、囲碁や双六、将棋は、占いや儀式の折ばかりではなく、なんと病気治療時にも必要とされていた。まず、『権記《ごんき》』寛弘四年（一〇〇七）八月一九日条に、花山院《かざんいん》が重い病を患い、右大臣藤原実資が参内し、権中納言藤原隆家と大蔵卿藤原正光《まさみつ》は双六を行った、とある。重篤の花山院が双六の対戦を観《み》て楽しんだとは考えにくく、院の病気治療が目的だったのではないだろうか。もしそうであるのならば、病気治療のために双六をやった早い事例となる。

さらに、『山槐記』元暦《げんりゃく》元年（一一八四）九月八日条には、次のようにある。

今朝、典薬頭《てんやくのかみ》の和気定成《わけのやすしげ》が中山忠親の邸に来て言うことには、病気の後白河《ごしらかわ》法皇は五《ご》木《もく》の湯で沐浴《もくよく》をされ、食欲はなく、周囲の者が驚くほどにやつれている。沐浴をしているあいだ、夜通し双六をやった。病気は治らなかった。きわめて不都合である。

後白河は、病気を治すために、夜を徹して双六をしたのである。ちなみに、神仏と人間の交感には夜間がふさわしいと考えられ、モノノケ調伏のための加持も夜に行われることが多かった。

後白河法皇が双六による病気治療を行ったことは、他の史料でも確認できる。たとえば、文治三年（一一八七）四月、後白河はモノノケによる病を患い、様々な祈禱を受けていた。そして、『玉葉』四月九日条には、病気治療のための祈禱に関する記述に続けて、次のようにある。

今朝、後白河法皇が双六をやった。これは物狂《ものぐるい》のことであろうか。また、最近、往生要集の談義があり、澄憲《ちょうけん》法印以下五人の学僧がそれに加わったということである。法皇は長年、少しも仏法を説き記した文章を理解してこなかった。ましてその学問的な議論などは言うまでもない。だけれども、この病気の時に、突然にこの談義を行ったのである。奇妙なことだ。これはまた、物恠《もののさとし》（不慮の現象が起こる予兆）だろうか。

双六も『往生要集』の法文談議も、治病行為だったのだろう。『玉葉』の著者九条兼実は、後白河法皇による双六について、物狂のことか、と手厳しく批判している。双六で病気を治そうとする行為は、兼実の目には奇怪に映ったからであろう。また、兼実によると、後白河は日ごろはやりもしない法文談義を病気になった途端にやり始めたという。これについても奇怪であり、あるいは不慮のことが起こる前兆としての怪異現象であろうか、と評している。

深覚僧正による病気治療

兼実は双六による病気治療を批判的に見ていたものの、このような治病法は後白河法皇独自のものではなかった。一二世紀後期成立の歴史物語『今鏡《いまかがみ》』「むかしがたり第九」（祈る験）には、藤原教通《のりみち》が危篤になったため、禅林寺《ぜんりんじ》の深覚《じんがく》僧正が病気治療のために招かれた話がある。

この僧正（深覚）が、大二条殿（藤原教通）が危篤の状態でいらっしゃいました時に参上なさって「囲碁をお打ちなさいませ」と申し上げられたので、「なんともあきれたこと」などと言われたけれども、無理矢理にすすめるので、「わけがあるのだろう」と思い、囲碁盤を取り寄せ、抱き起こされなさり、お打ちなさるうちに、御腹のふくれがお治りになり、一盤が終わるころには普通の状態におなりになられました。本当に尊い験者でございます。経典などを読み、お祈り申しあげなさる場合でさえも、わずかの間に病気を治すのはすばらしいことであるに違いありませんのに、囲碁を打って病気をお治し申し上げたことは、普通の験者ではいらっしゃらないにちがいありません。

深覚が病人である教通に囲碁を勧めたことについて、当初、教通は気乗りがしない様子であった。囲碁を病人にやらせて治療することは、一般的ではなかったのだろう。ところが、一局終わるころには病気が治ったとされている。囲碁を病人にやらせることにより病気を治した深覚は、称賛されている。ちなみに、深覚が教通の病気を囲碁によって治したとする説話は、『古事談《こじだん》』三―六〇にもある。そこでは、教通に囲碁をやらせようとした深覚を、周囲の者たちが嘲笑《あざわら》ったとされている。このような態度は、前述した兼実のそれに通じるものがある。

ただし、前述したように、巫女の傍らに双六盤が置かれた絵が『餓鬼草紙』にあるので、双六盤がモノノケ調伏に用いられたのは間違いない。物狂と批判されたり嘲笑されたりしたとあるのは、いずれも囲碁や双六を病人が行ったからだろうか。というのも、『餓鬼草紙』の成立は一二世紀末頃であるから、『玉葉』『今鏡』とほぼ同時期である。すでに『餓鬼草紙』成立時には、物付がモノノケ調伏のときに双六盤を用いるのは一般的だったのである。

モノノケを打つ物付

実際のところ、病人ではなく、物付がモノノケを打つ話もある。たとえば、『今鏡』「みこたち第八」（源氏の御息所）には、モノノケに悩む藤原璋子《しょうし》のもとに行尊《ぎょうそん》僧正が祈禱のために招かれた時の話がある。

仁和寺の女院（待賢門院《たいけんもんいん》璋子）の、女御として鳥羽天皇のもとに入内《じゅだい》する時でありましたでしょうか。御モノノケが入内の夜になっておこりなさり、突然に危篤状態となられていらっしゃいました時、この僧正（行尊僧正）がお祈り申し上げなさいましたところ、まもなく快方に向かいなさり、御車にお乗りになられてお出かけなさいました後に、僧正が物付に物を打たせて座っていらっしゃいましたのは、本当にご立派なお姿でございました、と伝え承ったことです。

行尊がモノノケ調伏のための祈禱をしたところ、璋子の病気はよくなった。モノノケを物付に憑依させた後、つまり調伏する以前に璋子は出かけたのだろう。通常、験者はモノノケを調伏するために加持や修法、経典読誦などを行う。それにもかかわらず行尊は、何もせずに物付に調伏を任せてただ見守っていた。

前述したように、一一世紀には、女房や女童など、託宣を専門とはしない女性がヨリマシとなっていた。憑依のためにあらかじめ侍《はべ》らされていた事例ばかりではなく、その場に居合わせたことにより偶発的に憑依された事例も多くある。また、彼女らが憑依やモノノケの調伏のために、何らかの能動的な行為をしたとする記録はない。憑依及びモノノケ調伏の可否は、すべて験者の力量によっていた。ヨリマシが物付と呼ばれ、託宣に長けた者やそれを専門とする巫女によって担われるようになり、能動的に調伏にかかわるようになった。

将棋による病気治療

さて、病気治療が囲碁や双六ばかりではなく、将棋によってなされていたことを示す史料もある。たとえば、藤原定家の日記『明月記』建暦《けんりゃく》三年（一二一三）四月二七日条には、藤原仲房《なかふさ》が病を患い死んだ時のことが、次のように記録されている。

昨日、仲房が自ら「心がまったくもって前後不覚であり、はなはだ気が抜けてぼんやりとしています。すでに死ぬときが迫っているのです。試しに将棋をさしてみましょう」と言った。仲房は、すぐに侍《さぶらい》の男とともに将棋を始めた。将棋の駒をどのように動かしたかは皆忘れてしまった。一盤を終える前に仲房は、「まったく死ぬ覚悟ができていませんが、死ぬ時が来ています。はなはだ心細いです」と言った。家の中を見ることを望み、侍の男に寄りかかりながら家の中を見てまわった。落ち着いて座り、念仏を二百回し、すぐに命が尽きた。不幸にして短い命だった。はなはだ悲しむべきである。

試しに将棋をさしたとされていることから、仲房は病の緩解《かんかい》を期待したのだろう。しかし、それは叶わなかった。定家は、仲房の行動を特異なものだとはしていない。この頃には、将棋によって病がよくなる可能性があると考えていたということだろうか。

一三世紀になると、モノノケ調伏の際に物付が囲碁盤を用いることは、有職故実書《ゆうそくこじつしょ》にも記されるようになる。承久《じょうきゅう》三年（一二二一）に成立した順徳《じゅんとく》天皇による有職故実書『禁秘《きんぴ》抄《しょう》』下「護身」には、次のようにある。

僧侶は畳に座り、物付は板に座り、屏風をその後ろに立てる。打ち物は、囲碁盤の上におく。質問すべきことがあれば、内々に女房らの一人か二人にこれを問う。

ここでいう「打ち物」が具体的に何を指すのかは不明だが、碁石や賽子の可能性が高いだろう。物付は、「打ち物」を用いて囲碁盤を打ち、モノノケを自身に憑依させたり調伏したりした。前述したように、「験者作法」にはモノノケの調伏時に打ち砕く動作をするようにとの指示があり、実際に調伏時にはモノノケを打つ音が響き渡っていた。験者のみではなく、物付も囲碁盤を打って大きな音を立てていたのである。

鎌倉の武士のモノノケ調伏

鎌倉幕府の歴史書『吾妻鏡《あづまかがみ》』には、鎌倉の武士の霊魂観や病気治療について、しばしば確認できる。そこからは、京都の貴族と鎌倉の武士の霊魂観や病気治療法に関して、大きな違いを見出すことはできない。源氏将軍時代には総じて鎌倉にいる僧の質が低く、京都で活躍した後に鎌倉に来た者の記録はないが、三代将軍源実朝《さねとも》の殺害後、嘉禄《かろく》二年（一二二六）に九条頼経《よりつね》が四代将軍として京都から迎えられるとともに、九条家との関係から、鎌倉に青蓮院《しょうれんいん》門徒が多く進出し、密教の祈禱が盛んになっていく（平雅行「鎌倉山門派の成立と展開」）。『吾妻鏡』には、「邪気」による病に対し、加持や修法が行われていたことが記録されているものの、モノノケの放出や、物付、さらには囲碁盤や双六盤を用いたことを示す記述は見られない。ただし、頼経の将軍就任以降、京から多くの僧が進出しているので、調伏のあり方に大きな違いがあるとは考えにくい。実際のところ、京都と鎌倉では、修法の特徴の違いは見られない（速水侑『呪術宗教の世界――密教修法の歴史』）。おそらく、放出記事や物付、囲碁盤などに関する記述を『吾妻鏡』に確認できない理由は、史料的な性質によるのだろう。

師から弟子へ

さて、一四世紀にも、出産時に物付が双六盤を用いたとする記録がある。嘉元《かげん》元年（一三〇三）の亀山《かめやま》上皇の妃西園寺瑛子《さいおんじえいし》の出産時の記録「昭訓門院御産愚記《しょうくんもんいんおさんぐき》」（『公衡公記《きんひらこうき》』所収）には、屛風で仕切った博所《ばくしょ》に双六盤を置き、物付がその弟子とかわるがわるに博《ばく》を打った、とある。博を打つとは、賽子を双六盤になげうつ所作とみられる（網野善彦「中世遍歴民と芸能」）。この時期の物付には弟子がいた。すなわち物付は、師からその技術を習得する必要があったのである。また、延慶《えんぎょう》四年（一三一一）の後伏見《ごふしみ》上皇の妃の西園寺寧子《ねいし》の出産時の記録「広義門院御産愚記《こうぎもんいんおさんぐき》」（『公衡公記』所収）からも、屛風で仕切って双六盤一つを置き、験者に連れて来られた物付三人の博所としたことが分かる。

ただし、一四世紀になっても、巫女だけが物付の役割を果たしたわけではなかった。たとえば、「後深草院崩御記《ごふかくさいんほうぎょき》」嘉元二年（一三〇四）七月二日条（『公衡公記』所収）には、「本道の輩《やから》」ではなく、「聊か神気《いささかしんけ》」がある女を物付にし、陀羅尼《だらに》によって憑依させた、とされている。「本道の輩」とは、巫女のことだろう（網野善彦「中世遍歴民と芸能」）。この時期には、巫女が物付に選ばれることが一般的だったからこそ、あえてこのように記されたのだと考えられる。

なお、その後も後深草院の病はよくならず、同月六日には、後鳥羽上皇の先例に倣い、後白河、後鳥羽、後嵯峨《ごさが》の三天皇の陵《みささぎ》に御所を献じたり、後鳥羽、後高倉《ごたかくら》、後堀河《ごほりかわ》の回向《えこう》をしたりしている。先祖の霊を手厚く供養することにより、病の平癒を願ったのである。

その後も、たびたびモノノケの調伏がなされたものの、体調は悪化し、同月一三日には、善知識《ぜんちしき》として天台僧の忠源《ちゅうげん》僧正が召されることになる。善知識とは、臨終者に念仏を勧めたり、往生できる環境を整えたりして浄土へと導く僧のことである（小山聡子『往生際の日本史――人はいかに死を迎えてきたのか』）。もはや、後深草院の平癒は望めない状態になったのだろう。験者の実弁《じっぺん》僧正が物付を祇候させてモノノケを追い、暁に実弁と物付は退出したのであった。興味深いことに、退出後、上北面《じょうほくめん》の武士（上皇の御所を守護する武士の中でも四位と五位の者を指す）が物付の跡を掃《はら》っている。物付が座っていた場所に、モノノケが残る可能性を恐れたのだろうか。

囲碁による瘧病治療

験者が囲碁によって瘧《おこりやまい》病を治療したとする説話もある。瘧病は、現在のマラリアに比定される病であり、鬼を病原とすると考えられていた（上野勝之『夢とモノノケの精神史――平安貴族の信仰世界』）。では、真言僧栄海《えいかい》によって正中《しょうちゅう》二年（一三二五）に成立した『真言《しんごん》伝《でん》』七の、増誉《ぞうよ》僧正による病気治療の話を見ていきたい。

確かな身分の人の最愛の子である小冠者が、瘧病を治すために増誉僧正のもとに遣わされた。供の者など多くお連れになり、しかるべくもてなして座っているけれど、目も見ることはなく、念珠を一度も繰ることはなく、囲碁を打って座っていらっしゃった。そうしている間に、小冠者が通常の状態ではなくなり、唇や爪の色が変わって震えだしたので、周囲の者は「あれをごらんなさい。とても不都合なことだなあ」と申したものの、ちらっと見るだけで変わらずうろたえない。囲碁を一盤打ち終わって、碁石を筒にしまいトコトコと軽い音をたてて膝の上に無造作に置き、病気の少年の肩を掴んで、落とすようなそぶりをして、「よもやとりつくまい、とりつくまい」と言って二、三回ほど身を揺り動かされたところ、すぐさま落ちて出て行った。

増誉は、祈禱ではなく囲碁を打って病人である「小冠者」の瘧病を治した。一局終わり「小冠者」の肩を掴んで揺さぶり、病原の鬼を体から出したのである。

このように、囲碁や双六、将棋によるモノノケ調伏や瘧病治療については、古記録や説話などに確認できる。治病にあたっては、囲碁、双六、将棋の効果を比較した記述はない。さらに、名手の盤や装飾のある盤など、特別な盤が選ばれた形跡を示す記録もない。

ちなみに、おおよそ中世後期頃から、博奕《ばくえき》に対する禁制がさらに厳しくなり賽子の目に神意を見出すことがなされなくなっていく（網野善彦『日本論の視座――列島の社会と国家』）。攤《だ》についての記録も、一四世紀中頃以降、ほとんど見られなくなっていく。それとともに、モノノケ調伏時に囲碁盤や双六盤などが用いられた事例も、史料の中に見出せなくなっていく。囲碁や双六、賽子に対する意識に変化があったことによるのだろう。

歌によるモノノケ調伏

モノノケの調伏は、多くの場合、加持や修法などによってなされていたものの、歌によっても可能であるとする考え方も説話に確認できる。そもそも、古代から、和歌には霊的な力があると考えられていた。たとえば、古代の有職故実に関する類聚《るいじゅ》辞典『二中歴《にちゅうれき》』九「呪術歴」には、呪文としての和歌が列挙されている。このような中で、モノノケ調伏にも効果があると考えられたのだろう。

では、説話の内容をみていきたい。『古今著聞集《ここんちょもんじゅう》』二六六「侍従大納言成通今様《なりみちいまよう》を以《もっ》て霊病を治する事」には、雲林院《うりんいん》で蹴鞠《けまり》をしていた歌人藤原成通が雨宿りのため階段に腰かけて、次の今様を口ずさんだ、とある。

雨ふれば軒の玉水つぶつぶといはばや物を心ゆくまで

（雨が降ると軒の雨だれがぽたぽたと音をたてながら落ちるが、そのようにぼつぼつと気のすむまで心にたまったことを言おうではないか）

すると、格子《こうし》が上がり、中の女房が「このほどこれに候《そうろ》ふ人の、物の気をわづらひ候ふが、ただいまの御こゑをうけ給《たまわり》て、あくびて気色《けしき》かはりて見え候ふに、いますこし候ひなんや」（近頃、こちらにいらっしゃる方がモノノケの病を患っているのですが、ただいまのお声をお聴きになられて、あくびが出て気分が良くなったように見えますので、もう少し詠《うた》っていただけないでしょうか）と勧めたので、沓《くつ》を脱いで堂の中に入り、几帳《きちょう》の外に座り、さらに歌を詠じた。するとモノノケが人に憑依し、様々なことを語り、病気は治ったという。この説話は、「かならず法験《ほうげん》ならねども、通ぜる人の芸には、霊病も恐れをなすにこそ」（必ずしも仏法の霊験ではなくても、その道に精通した人の芸には霊病も恐れをなすのだろう）という一文で結ばれている。ちなみに、モノノケが調伏される時には病人が欠伸《あくび》をすると考えられており、しばしば病人の欠伸の有無は調伏時に問題とされていた。

歌によるモノノケ調伏は稀《まれ》で、決して一般的な方法ではない。しかし、この説話からは、モノノケ調伏のあり様の多様化がうかがえるだろう。

庶民の治病

これまで、貴族と武士の治病について見てきた。では、庶民の治病はどうだろうか。一四世紀の『春日権現験記絵《かすがごんげんげんきえ》』には、庶民の治療について描かれている。たとえば、般若心経一巻を呑《の》みこんだ蛇を痛めつけた子どもが重病を患った場面には、治療者として山伏《やまぶし》と巫女がともに描かれている。山伏と巫女によって春日大明神の託宣《たくせん》をうけ、大般若経一部を転読《てんどく》した結果、病気は治ったという。

また、疫病を患った男のもとには、民間陰陽師が描かれている。民間陰陽師とは、陰陽寮に所属していた官人陰陽師とは異なり、官職や位階を持たず民間で活動していた者たちである。彼らは、僧の姿をしていたことから法師陰陽師とも言われる。民間陰陽師も、庶民の病気治療に活躍していた。

庶民は、大掛かりな修法や高僧による加持を受けることはできない。彼らの病気治療は、主に山伏や巫女、民間陰陽師らが担っていたのだろう。

病気治療をする山伏と巫女　『春日権現験記絵』

また、浄土真宗《じょうどしんしゅう》の開祖とされる親鸞《しんらん》の長男善鸞《ぜんらん》も、庶民の病気治療に携わっていたと考えられる。善鸞は、親鸞の教えとは異なる教えを説いたことにより、親鸞から義絶されたとされている。親鸞の曽孫覚如《ひまごかくにょ》（一二七〇～一三五一）が亡くなった翌年に制作された覚如の伝記『最須敬重絵詞《さいしゅきょうじゅうえことば》』五には、東国で暮らす善鸞の様子が語られている。それによると、善鸞は、「御子《みこ》巫《かんなぎ》等《とう》の党《ともがら》」に交わり、「巫覡《ふげき》の振舞」をするようになったという。神意を伝える女性は「巫《ふ》」、男性は「覡《げき》」と呼ばれていた。善鸞が行動を共にしていた「巫女」とは、神社に所属する巫女ではなく、歩き巫女である。

善鸞は、符術《ふじゅつ》による病気治療を得意としており、東国に巡見に赴いた覚如が病に倒れた時、見舞いに訪れその治療を申し出た。『最須敬重絵詞』によると、この時に善鸞は、符《ふ》によって「邪気」「病悩」「呪詛」をはじめとするあらゆる災難を治すことができる、と言った。その上で、覚如の病についても、符を呑めばすぐ治るから呑むように、と促したのである。

善鸞は「邪気」、つまりモノノケによる病も符によって治すことができると言っている。『最須敬重絵詞』では、善鸞の符は、名号《みょうごう》を加持した力をもとにしているとされているため、おそらく善鸞は、符に「南無阿弥陀仏《なむあみだぶつ》」と名号を書き加持を加えたのだろう（小山聡子『浄土真宗とは何か——親鸞の教えとその系譜』）。庶民は、モノノケによる病を患ったときに、このような治療を受けていた可能性が高い。

モノノケと神

さて、モノノケによる病気の治療法が変遷していく一方で、モノノケ観にも変化がある。たとえば、一四世紀になると、神とモノノケ、霊魂の区別がさらに曖昧となっていく。具体的に述べると、鎌倉時代末から南北朝時代の天台宗の学僧で神書に精通した慈遍《じへん》（生没年未詳）の『旧事本紀玄義《くじほんぎげんぎ》』では、神という存在は人の魂である、とされている。さらに、『最須敬重絵詞』五には、病に倒れた覚如が、念仏者が鬼やモノノケによる病を患うことは本意《ほい》ではなく、そのような病を患ったのであれば信心が不足していたからか、そうでないのならば、瘴煙《しょうえん》の類ではないかということになる、としている。さらに、もし疫神による病ならば仏力によって調伏すべきだとしている。つまり、覚如は、疫神を調伏することに、憚りを感じてはいなかった。また、覚如の長男存覚《ぞんかく》（一二九〇〜一三七三）は、正中元年（一三二四）に著した『諸神本懐集《しょじんほんがいしゅう》』で、祟りをなす生霊や死霊を劣位の神として位置付けている。これらからは、かつては明確に区別されていたモノノケと神が、次第に重ね合わせて考えられるようになっていたことが分かる。

ちなみに、序章で述べたように、近世になってモノノケと同義となる妖怪は、そもそも怪異を指す語であった。ところが、一四世紀後期頃より、妖怪という語の持つ意味にも変化がみられるようになり、怪異を引き起こす存在そのものを指すようになっていく。妖怪は、化物と重ね合わせて捉えられるようになり、「妖物」や「妖恠物」という語は、「ばけもの」と読まれるようになっていったのである（徳田和夫「怪異《アンキャニ》と驚異《マーベラス》の東西——妖怪とモンスター」）。

近世になると、妖怪、化物、モノノケが区別されなくなっていく。その兆しは、すでに中世後期に確認することができるのである。

薄れゆくモノノケへの意識

一〇世紀半ばから一三世紀の史料に病気の原因として非常に多く記録されたモノノケは、依然として中世を通じて史料上に確認されるものの、次第にその数を減らしていく。一二世紀後期ごろより民間医が活躍しはじめ、一三世紀末から一四世紀には『医家千字文《いかせんじもん》』や『頓《とん》医抄《いしょう》』、『万安方《まんあんぽう》』、『産生類聚抄《さんせいるいじゅしょう》』など、数多くの医書が編纂された。一四世紀から一五世紀には竹田昌慶《たけだしょうけい》や坂浄運《さかじょううん》、月湖《げっこ》、田代三喜《たしろさんき》らが明《みん》に渡り、先進的な医学を学んできた。医学の発展とともに、病名や薬の種類も増えていき、医療の専門分化も進み、治病において医師の占める割合が拡大したこともあり、病気の原因をモノノケと見なすことが次第に減っていく。

もっとも、中世後期でも、中世前期ほどではないにしろ、依然としてモノノケは病気の原因の一つであり続けていた（『看聞日記《かんもんにっき》』永享《えいきょう》五年〔一四三三〕二月一七日条、『建内記《けんないき》』嘉吉《かきつ》三年〔一四四三〕七月一七日条など）。記録類にも、「邪気」が原因だと考えられ、験者が「よりまし下女両三人」を据えて加持により退散させようとしたことなどが見える（『看聞日記』永享一〇年〔一四三八〕一二月四日条）。

ただし、モノノケの病を患った際の治療方法にも変化が見られる。とりわけ、医師の関与は見過ごすことができない。すでに一三世紀後期、医師の惟宗具俊《これむねともとし》は、『医談抄《いだんしょう》』下―一六「邪気事」で、中国の『諸病源候論《しょびょうげんこうろん》』に基づいて医師による邪気治病を説き、日本のモノノケにも医師による治病が有効であると主張した。一三世紀後期の段階では、モノノケによる病に医師による治療が普及していたとは言えないものの、一五世紀になると、実際に医師が脈によって「邪気」を患った病人の病状を診断したと考えられる事例もある（『満済准后日記《まんさいじゅごうにっき》』永享元年〔一四二九〕七月一四日条、『看聞日記』永享一〇年一二月六日条）。このように、中世後期になると、治病に携わる者及び治療方法が多様化していき、それに伴い密教僧の出番は減少していったのであった（上野勝之『夢とモノノケの精神史――平安貴族の信仰世界』）。

モノノケを痛めつける赤童子

治病方法の多様化に関しては、法相宗《ほっそうしゅう》の興福寺を中心とする南都《なんと》（奈良）の赤童子《あかどうじ》像を用いた治療にも着目したい。前述したように、そもそも護法は、験者の使役を受けてモノノケを退治すると考えられていた。ところが中世後期になると、病人が験者を招くことなく、直接、護法童子に祈願することによって平癒を期待した事例も出てくるのである。

現存する赤童子像の中でも、奈良県大和《やまと》郡山《こおりやま》市の植槻八幡《うえつきはちまん》神社所蔵の春日赤童子像が、制作年などがはっきりしており、松南院座《しょうなんいんざ》の絵師によって長享《ちょうきょう》二年（一四八八）二月に描かれたことがわかっている。植槻八幡神社所蔵の赤童子像は、右手で杖《つえ》を握り左手で顎を支える姿をしており、岩座に立っている。各地に伝来する赤童子像は、ほぼ同様の姿をしている。赤童子の姿は、比叡山の護法童子像（八九頁参照）に通じるものであり、悪しきものがあれば杖でもって打ち倒すような凄《すご》みを感じさせる。現在、赤童子像は、南都の寺院を中心に、関東地方の真宗寺院をはじめとして、広い地域の寺社に所蔵されている。赤童子への広範な信仰があったことが分かる。

それでは、赤童子は、どのように信仰されていたのだろうか。まず、興福寺をはじめとする法相宗の学僧を守護する役割を担わされており、維摩会竪義《ゆいまえりゅうぎ》（官僧としての昇進のために行われる公的な試験）の時の本尊としてその像が懸けられていた。さらに、赤童子像は、日々の生活でも室内に懸けられていたと考えられる（小山聡子『護法童子信仰の研究』）。

また、赤童子は、病気平癒のための本尊として壁に懸けられることも多かった。というのは、興福寺大乗院《だいじょういん》の記録『大乗院寺社雑事記《だいじょういんじしゃぞうじき》』と興福寺多聞院《たもんいん》の記録『多聞院日記《たもんいんにっき》』には、僧たちが病を患うと赤童子像を懸けて平癒を願ったとする記事をしばしば見出すことができるからである。

たとえば、『多聞院日記』天文《てんぶん》一二年（一五四三）四月二一日条には、病になった僧が赤童子像を借り、昼夜他念なく祈ったところ、夢に赤童子が出てきたという話がある。夢で赤童子は、「そなたの病を平癒させよう」と言って、棒で背中を二、三回打ったところ、青蛇が二匹出てきていなくなった。その時、赤童子は、藤の花房を僧の膝の上に置き「若宮の八重藤《やえふじ》です」と告げたのであった。夢から覚めた後、春日社の神人《じにん》に尋ねたところ、若宮の神前には美しい八重藤があると答えたという。その後病はほどなくして治った、とされている。

赤童子像は、必要になったときには、しばしば貸し借りされていた。『多聞院日記』文禄《ぶんろく》二年（一五九三）八月一〇日条には、弥五郎なる人物が病気を患い本尊を拝借したいと要望したために「赤童子不動」を遣わした、とする記事がある。「赤童子不動」とは、赤童子が不動明王の脇侍《わきじ》の制多迦童子《せいたかどうじ》の図像をもとに描かれたことによる称なのだろう。ともかくにも、病気を治すためには、赤童子像が必要とされたのである。

このように、赤童子には、病気治療が願われた。前述したように、そもそもモノノケの調伏は、多くの場合、不動明王を本尊として行われていた。治療をする僧は、護法を使役してモノノケを打ち責め、最終的には護法にモノノケを遠方へ追い払わせて病気を治す、と考えられたのである。

それに対して、中世後期の南都では、護法童子である赤童子を本尊とし、病気治療が願われた。僧の加持により赤童子を使役して治療するのではなく、赤童子像を病人の近くに懸けて祈り、赤童子に病気をもたらしたものを打たせ、平癒させることができると考えられていた。ここでは、物付も、囲碁盤も登場しない。複雑な祈禱は抜きにして、赤童子という名の護法童子に病気治療を依存するかたちとなっている。

古代から中世にかけて、病気治療のあり方には変化が見られる。一五世紀頃から盛んに信仰されるようになる赤童子には、実に簡略なかたちでの病気治療が期待されていた。モノノケ調伏のあり方が、複雑化しすぎた結果だろうか。

中世後期、密教修法は、民間への浸透とともに、世俗化、平易化していく傾向にある。阿尾奢法をもとに、貴族社会を中心に行われはじめたモノノケ調伏も、その時代に有効だと考えられたものを取り入れながら変化していった。そして、中世後期になると、本来、モノノケ調伏の過程で僧に使役されていたはずの護法童子を本尊とする治療も普及するようになったのである。

第三章　祟らない幽霊
——中世

一、霊魂ではない幽霊

「幽霊」の通説

モノノケは、近世になると、しばしば幽霊とも称されるようになる。現代人が考える幽霊は、古代や中世のモノノケに近似したものだろう。それでは、近世にモノノケと混同されるようになる幽霊は、中世ではいかなるものだったのだろうか。

序章で述べたように、そもそも幽霊は八世紀の願文《がんもん》（神仏への願意を述べた文書《もんじょ》）に死者の霊魂という意味で出てくる。古代の幽霊は、怨念をもたず、生者に悪さもしない。それにもかかわらず、これまで幽霊に関する研究では、現代的な感覚から幽霊とされるものを論じてきてしまった（諏訪春雄『日本の幽霊』。小松和彦『妖怪文化入門』。高岡弘幸『幽霊 近世都市が生み出した化物』など)。たとえば、九世紀の『日本霊異記』に幽霊が出てくると指摘され、それをもって「幽霊の誕生」とされるのがほとんど常識になっている。しかし、『日本霊異記』には、「幽霊」という語は一切出てこない。つまり、「死霊」を幽霊であると決めつけて論じてきたにすぎないのではないか。

その上、「幽霊」という語についても、大いに誤解されてきた。能の研究者によって、「幽霊」という語は、能の大成者世阿弥《ぜあみ》(一三六三～一四四三)以前にはほとんど普及しておらず、世阿弥が「幽霊」という「新語」を能に導入したと指摘された(田代慶一郎『夢幻能』)。その後、本当に「幽霊」という語が世阿弥より前に普及していなかったのかどうかは調べなおされることもなく、通説となっている。

史料上の「幽霊」が見過ごされてきた中、「幽霊」という語が一四世紀以降の願文に頻出すると指摘した研究はある(南本有紀「能の幽霊・考」)。ただし、中世までは「幽霊」は願文の専門用語であり、一五世紀半ばより前の文学作品には出てこないことから、一般化するのは近世における歌舞伎の隆盛を待たねばならない、と結論づけられており、世阿弥が「新語」である「幽霊」を独創的に選択したと評価する点ではそれまでの研究と変わらない。

たしかに、「幽霊」という語は、願文に多く確認できる傾向にはあるものの、実は願文以外の古文書や、古記録(貴族の日記)、歴史書などにも使用されていた語である(巻末の「古文書・古記録の幽霊一覧表」参照)。さらに、「幽霊」の語は、現存する史料上では、八世紀以降のものに確認することができ、一二世紀には史料の中に多く見出せる。決して一四世紀以降の願文に頻出するのではない。

古代から中世にかけての文学作品に「幽霊」という語がほとんどみられない理由は、「幽霊」の意味するところによるのだろう。「幽霊」は死霊、さらには故人を指す語であり、追善供養の文脈で使われることが多い。一方、強い怨念をもって人間に積極的に関わろうとする霊は、モノノケや怨霊と呼ばれた。したがって文学作品では、モノノケや怨霊は多く語られる一方で、積極的に人間と関わろうとする意志を持たない、あくまでも供養の対象である幽霊は登場しにくかったと言えるだろう。

ただし、中世後期に成立したと考えられる流布本『曽我物語《そがものがたり》』一一「箱根《はこね》にて仏事の事」には仏事により「過去幽霊」がきっと悟りを開かれただろう、とするくだりはある。無害な死霊や故人としての意味での幽霊は、文学作品にわずかしか出てこない。それに対して近世になると、幽霊はモノノケや怨霊と明確に区別されなくなるため、文学作品に非常に多く出てくる。「幽霊」という語が一般化したために文学作品に登場するようになったのではなく、その意味が変化したために多く語られるようになったのである。

これまで、「幽霊」という語が古代から中世にかけての古文書や古記録に非常に多く見えることは指摘されてこなかった。「幽霊」ではないモノノケや怨霊、亡魂の類が幽霊と見なされ、論じられ続けてきた。

史料の中の幽霊

さて、古記録における「幽霊」の語の初出は、藤原道長の玄孫《やしゃご》にあたる藤原宗忠《むねただ》の日記『中右記《ちゅうゆうき》』寛治三年（一〇八九）一二月四日条である。宗忠は、道長の霊を「幽霊」と呼んでおり、「幽霊」の「成道《じょうどう》」のために毎年一二月四日には念誦《ねんじゅ》しなくてはならない、と述べている。なぜならば、一二月四日は、道長の命日だからである。宗忠は、道長が成仏できるよう、その命日に供養をしていたのである。

一二世紀後期の古記録には、「幽霊」という語を死霊の意味以外で使用する事例もある。たとえば、平信範《のぶのり》の日記『兵範記《ひょうはんき》』嘉応《かおう》二年（一一七〇）六月二二日条には、信範の妻藤原能忠《よしただ》の娘が亡くなったので、能忠が仏事を行ったとする記事がある。信範は、能忠が八二歳であり、「幽霊」が死んだときに五七歳だったと述べ、子の方が先に亡くなったのは悲しいことであると嘆いている。信範は、妻の霊ではなく、妻その人を「幽霊」と呼んでいる。要するに、「幽霊」とは、霊のみを指す語ではなく、より広い意味を持つ語として使用されていることになる。

さらに、鎌倉幕府の歴史書『吾妻鏡』文治元年（一一八五）三月二七日条には、死体の意味での幽霊を確認できる。源頼朝《よりとも》には、平治《へいじ》の乱の敗北後に土佐国の介良庄《けらのしょう》に流されていた同母弟、源希義《まれよし》がいた。その希義は、平家に討ちとられた時に死体を放置されそうになった。現地の者の中には源氏に対する忠義《ちゅうぎ》を思う者もいたものの、平家の耳に入ることを恐れて葬儀をしようとはしなかった。そのような中、介良庄の僧琳猷《りんゆう》は、希義とは師僧と檀那《だんな》の関係にあったことから、墓所を選定し没後を弔い、供養を怠らなかったという。その上、「幽霊」の「鬢髪《びんぱつ》」（耳際の髪）をとって、それを首にかけて関東へと向かった。対面した頼朝は、琳猷が訪ねてきたことについて、「亡魂」（希義の魂）が再来したことのように思うと賛辞を尽くした、とされている。

ここに出てくる「幽霊」にも、霊という意味はない。この「幽霊」は、故希義というよりは、故希義の死体を指すとも解釈できるだろう。琳猷がわざわざ鬢髪をとって頼朝のもとを訪れた理由は、亡き希義を頼朝に再会させるというだけではなく、希義の往生を願ったからである。なぜならば、鬢髪を剃り出家して往生を願う行為は、しばしば行われていたからである（『本朝文粋《ほんちょうもんずい》』七「従三位出雲権守藤原朝臣隆家誠惶誠恐謹言」、『今昔物語集』一七―二三など）。

ちなみに、霊ではない「幽霊」は、同時期の願文にも見出すことができる。建久九年（一一九八）四月一五日の「貞慶逆修願文《じょうけいぎゃくしゅがんもん》」には、「先妣《せんぴ》」（亡き母）を「幽霊」と呼び、「幽霊」は壮年の頃に早世した、とされている。この「幽霊」は、『兵範記』の信範の妻と同様で、死霊ではなく、死者そのものであることになる。現代考えられている幽霊とは、大きくかけ離れているといえるだろう。

幽霊か聖霊か

ただし、すべての人間が死ぬと幽霊と呼ばれたわけではない。なぜならば、高貴な人物やその霊については、たびたび「聖霊《しょうりょう》」と称されていたからである。

たとえば、東大寺関連の古文書では、聖武天皇の霊は「本願聖霊」とされ、高野山《こうやさん》関連の古文書では弘法大師《こうぼうだいし》空海の霊は「祖師大師聖霊」、あるいは「大師聖霊」と称される傾向にある。「聖霊」とされるのは聖武天皇や空海ばかりではない。弘仁《こうにん》九年（八一八）三月二七日の「酒人《さかひと》内親王御施入状《ごせにゅうじょう》」では桓武天皇の霊のことを「柏原《かしばら》聖霊」、『中右記』嘉承《かしょう》二年（一一〇七）九月一七日条では堀河天皇の霊を「先帝聖霊」としている。また、文治二年（一一八六）四月二日の「八条院暲子《はちじょういんしょうし》内親王御告文《ごこうもん》」では鳥羽天皇の霊を「鳥羽聖霊」としている。さらに、『岡屋関白記《おかのやかんぱくき》』建長《けんちょう》元年（一二四九）二月二二日条では後鳥羽院の霊を「聖霊」、『後愚昧記《ごぐまいき》』永和《えいわ》三年（一三七七）一月二九日条では後光厳《ごこうごん》院の霊を「後光厳院聖霊」というように、天皇や上皇をはじめとする高貴な人物の霊は「聖霊」と呼ばれる傾向にある。

しばしば、幽霊と聖霊は明確に区別して書かれていた。たとえば、弘安一〇年（一二八七）四月八日の「仏心田地寄進状」では「主君御聖霊」と「二親幽霊」と書き分け、「二親」（父母）の霊よりも「主君」の霊に敬意を表するかたちをとっている。さらに、正安四年（一三〇二）五月二四日の「藤原孝久《たかひさ》写経願文」でも「先考聖霊」と「亡妻幽霊」として「亡妻」よりも「先考」（亡父）により一層の敬意を示しているのである。

ただし、前述したように、藤原道長も「幽霊」と呼ばれるなど、上級貴族ではあっても幽霊と呼ばれる事例も多くある。したがって、幽霊は、必ずしも死者に対して敬意をはらわない語ではない。史料の書き手がとりわけ敬意を強く示そうと意識した場合に、聖霊という語が用いられたと考えられる。

幽霊と同様の意味を持つ語としては、亡魂《ぼうこん》、亡霊《ぼうれい》、幽魂《ゆうこん》、幽儀《ゆうぎ》などを挙げることができる。また亡魂などは、幽霊と同様に、聖霊とは区別されて用いられていた。たとえば、流布本『平家物語《へいけものがたり》』「灌頂巻《かんじょうのまき》」には、平清盛の娘である建礼門院《けんれいもんいん》徳子が「先帝聖霊、一門亡魂」の成仏を祈る場面がある。「先帝」は壇《だん》ノ浦《うら》に沈んだ息子の安徳天皇、「一門」は平家一門を指す。ここでも、天皇の霊は「幽霊」でも「亡魂」でもなく「聖霊」とされ、やはり他の霊とは明確に区別されているのである。

故人としての聖霊、亡魂

ちなみに、聖霊や亡魂などには、幽霊と同様に、霊（魂）を指さない事例もある。たとえば、三条実躬《さんじょうさねみ》の日記『実躬卿記《さねみきょうき》』弘安八年（一二八五）一〇月一六日条では「太子聖霊御物等」として亡き聖徳太子《しょうとくたいし》の御物についての記事があり、翌日条には「太子聖霊像」ともされている。この「聖霊」は、明らかに霊ではなく、故人を指す。幽霊と同様に、本来の意味から転じて、霊ではないものをも指すように変化したのであろう。

また、無住《むじゅう》（一二二七～一三一二）の仏教説話集『沙石集《しゃせきしゅう》』二「弥勒行者事《みろくぎょうじゃのこと》」には、高野山が「霊地」として信仰を集めているために「有縁《うえん》ノ亡魂ノ遺骨」を高野山に送ることが年々盛んとなっているとするくだりや、「亡魂ノ墓所」で光明真言《こうみょうしんごん》を四九回誦《じゅ》して回向《えこう》すれば阿弥陀仏がこの「聖霊」を背負って極楽浄土へ導いて下さるというくだりがある。これらの「亡魂」も、霊魂を指しはしない。

さらに、同じく無住による仏教説話集『雑談集《ぞうたんしゅう》』一〇「梵字功徳《ぼんじくどく》ノ事」でも、「亡魂ノ髪」で阿弥陀仏などを表す悉曇《しったん》文字が縫われている、とされている。この用例は、前に示した『吾妻鏡』にある源希義の事例と同様である。本来、幽霊や聖霊、亡魂などは、霊魂を指す語ではあるものの、言葉の普及とともに死者その人をも指すようになり、語の意味に広がりを持つようになっていた。

二、幽霊と呼ばれた法然

法然の極楽往生

さて、幽霊は、基本的に追善供養の対象であり、いまだ成仏できていないと考えられていたものを指す。たとえば、『日本国語大辞典』や石田瑞麿《いしだみずまろ》『例文仏教語大辞典』でも、幽霊について謡曲〈船弁慶《ふなべんけい》〉や近世の『集義外書《しゅうぎがいしょ》』をもとに「死者が成仏できないで、この世に現すという姿」とされている。

ところが、実は、成仏が確信されていたものを指す事例もあるのである。たとえば、のちに浄土宗《じょうどしゅう》の開祖とされる法然《ほうねん》（一一三三～一二一二）も、死後に「幽霊」と呼ばれていた。

法然は、もとは比叡山の僧であったものの、比叡山を下り、京の東山吉水《ひがしやまよしみず》で専修念仏《せんじゅねんぶつ》の教えを説いた。専修念仏とは、極楽往生するために、もっぱら念仏を唱えることである。法然は、関白の九条兼実から帰依《きえ》されたほか、武士からの帰依も非常に多く集めていた。九条兼実の弟で法然に批判的なまなざしを向けていた天台僧慈円《じえん》は、歴史書『愚管抄《ぐかんしょう》』

六で、専修念仏の教えは「異様な、理非の分からない尼や入道」から喜ばれて、ことのほかに繁盛に繁盛を重ねてその教団は急に大きくなった、としている。また、法然の入滅時には、往生したことを示す確かな証拠がないにもかかわらず、「往生だ、往生だ」と人々が言いたてて集まった、とされている。往生する場合には、紫雲《しうん》がたなびいたり、光が差したり、異《い》香《こう》が漂うなど、往生したことを示す奇瑞《きずい》があると考えられていた。慈円によると、そのような奇瑞は一切なかったにもかかわらず、法然に帰依した人々は往生したと言って集まった、というのである。

醍醐本『法然上人伝記《ほうねんしょうにんでんき》』「御臨終日記」には、臨終のときに法然に「このたびの往生は確かでしょうか」と尋ねたところ、法然は「私はもともと極楽浄土にいた身なのだから、極楽へ帰るのです」と答えたとある。つまり、すでに往生したものの、あえて衆生《しゅじょう》救済のために人道《にんどう》（六道のうちの一つ。人の世界）に生をうけたに過ぎないので、死後には極楽浄土へ帰るのだ、ということになる。

法然の弟子で、のちに浄土真宗開祖とされた親鸞によって編纂された『西方指南抄《さいほうしなんしょう》』の「法然上人臨終行儀」でも、法然の臨終について、慈覚大師《じかくだいし》円仁の九条《くじょう》の袈裟《けさ》を懸けて念仏をしながら眠るように息を引き取った、とされている。その上で、法然は「往生したまひたり」（往生なされました）とされているのである。親鸞は、法然の臨終に立ち会っていないので、見聞した事柄を記録したのであろう。

　このように法然は、少なくとも帰依者や弟子たちからは往生したと考えられていた。それにもかかわらず、入滅後に弟子から「幽霊」と呼ばれているのである。法然を「幽霊」と呼んだのは、弟子の勢観房源智《せいかんぼうげんち》（一一八三〜一二三九）である。源智は、『法然上人行状絵図《ほうねんしょうにんぎょうじょうえず》』四五によれば、常に付き従い仕えること一八年間に及ぶ弟子であり、仏具や本尊、房舎、聖教《しょうぎょう》などすべてを相続し、法然の入滅時にその信仰の心髄を記した「一枚起請文《いちまいきしょうもん》」を授けられたという。さらに、前述した醍醐本『法然上人伝記』は、源智の見聞を集録したもの、もしくは源智が記録したものをその後に集録したものであった（梶村昇『勢観房源智』）。

源智による報恩

　法然の重要な弟子の一人である源智は、建暦二年（一二一二）一二月、同年正月二五日に没した師法然の恩徳に謝するために三尺の阿弥陀如来立像を造立した。この像は、昭和四九年（一九七四）に滋賀県信楽《しがらき》の玉桂寺《ぎょくけいじ》で発見されたものであり、胎内からは三二点もの文書が見つかった。具体的に述べると、胎内には、源智によって阿弥陀仏像を造立した願意が記された「造像願文《ぞうぞうがんもん》」のほか、四万六千人以上もの結縁者《けちえんしゃ》の名が書き連ねられた「結縁交名帳《けちえんきょうみょうちょう》」なども納められていた。

「造像願文」からは、師である法然の恩徳に報謝《ほうしゃ》するために阿弥陀如来像の造立を発願《ほつがん》したことが記されている。源智は、法然が、天台宗の総本山である比叡山から下り、自力で成仏しようとする聖道門《しょうどうもん》から転じ、極楽浄土に往生できる称名念仏《しょうみょうねんぶつ》の教えに専心したことを述べている。その上で、法然の説いた教えは、凡夫《ぼんぷ》が救済される道であり、末代に生きる我々のための教えであり、すべての人が救済されることができるようになったとしている。源智によると、これはすべて法然の恩徳であるという。恩徳とそれへの報恩については、次のように吐露している。

私の師法然上人の恩徳には、骨を砕いて生まれ変わり死に変わりして長い年月をかけても感謝しきれるものではなく、自分の眼球をくり抜き人に施す行を何度も繰り返してこの世に生まれ変わったとしても、どうして報いることができようか。そこで、三尺の阿弥陀如来像を造立し、先師法然上人の恩徳に報じたいと思う。この像の中に数万人の姓名を納めるのは、これまた「幽霊」の恩に報いることになる。なぜならば、先師はただ慈悲の心をもって人々を教え導き、その救済を最も重要なこととされていたからである。それゆえに、数万人の姓名を書いて三尺の仏像に納めることにする。

数万人の姓名とは、あらかじめ全国から集めておいた四万六千人以上の結縁者の姓名を指す。この結縁者の中には、法然や源智、源頼朝、源頼家《よりいえ》といったその時点ですでにこの世を去っていた者のほか、後鳥羽上皇や土御門上皇、順徳《じゅんとく》天皇、源実朝など存命中の者も含まれていた。源智は、像の中に姓名を納めた結縁者は皆、法然の導きによって極楽浄土に生まれ変わることができるとし、それこそが法然の心に叶うことであり、報恩にもあたるのだ、とする考えを示している。法然は、極楽浄土へと結縁者を導く役割を与えられており、法然を菩薩と見なす見方がすでに当時あったということになる。

さて、文脈から考えて、願文の中にある「幽霊」は、法然その人のことを指す。これまで「幽霊」とは、成仏できなかった死霊を指すと解釈されてきたが、必ずしもそうではないことになるだろう。

幽霊にされた藤原俊成

往生したと考えられたにもかかわらず幽霊と呼ばれたのは、法然のみではない。たとえば、歌人として名を馳せた藤原俊成《としなり》（一一一四〜一二〇四）も、のちに幽霊と呼ばれている。俊成は、息子の定家の日記『明月記』によると、臨終の日である元久《げんきゅう》元年（一二〇四）一一月三〇日、死が近いことを告げた。「念仏して極楽へまいらむと思食《おぼしめ》せ」（念仏をして極楽浄土へまいろうとお思い下さい）と声をかけられると頷《うなず》き、抱き起こされて念仏し穏やかに息を引き取ったのであった。臨終時に一切の雑念をはらい念仏を唱えて穏やかに死ぬこと（臨《りん》終正念《じゅうしょうねん》）ができれば、極楽往生できると考えられていた。それゆえ、俊成の死は、まさに理想的なものだったことになる。

さて、俊成の死から二二年後にあたる嘉禄二年（一二二六）一一月三〇日、定家は父俊成の忌日の法要を暁から行った。日記にはその時のことが次のようにしたためられている。

『法華経』「勧発品《かんぼつほん》」（普賢《ふげん》菩薩勧発品）を読み終わったときには、日はすでに没していた。「幽霊」は最後の夜半にこの「勧発品」を暗誦《あんじゅ》されていた。その機縁を思い、悲しみの涙を流した。

ここでいう「幽霊」とは、亡き父俊成を指す。俊成は、往生していないと考えられたから忌日法要が行われたのではない。往生が確信された人物に対しても、習慣として忌日法要は行われていた（小山聡子「幽霊ではなかった幽霊——古代・中世における実像」）。臨終正念を保ち見事な死を遂げた俊成も、往生したと考えられたものの「幽霊」と呼ばれた一人なのである。このように、幽霊とは、必ずしも往生、成仏していない死霊や死者のみではなく、したと考えられる者をも指したのである。

この世に居座る霊

また、序章で述べたように、中国思想の影響のもと、わが国では霊には魂と魄があるとする二元的な捉え方もあった。魂と魄の二元的な把握は、中世にも継承されている。たとえば、称名寺《しょうみょうじ》の湛睿《たんえい》の手によって元亨《げんこう》四年（一三二四）に書かれた「恩愛紲難断事《おんあいのきずなたちがたきこと》」には、「幽霊」（故人の意味）がたとえ極楽浄土に往生している場合であっても、この世に「一念の妄執」が留まっていることがあり、墓所に魄が出現するとされている。要するに、魂が極楽往生したり六道輪廻《ろくどうりんね》したりする一方で、魄は故人の遺骨に伴う性質を持つと考えられていたのである。ちなみに、ここでは、恩愛の心が強ければ追修《ついしゅ》の営みも誠あり、と恩愛のきずなが肯定されている（高橋悠介「能の亡霊と魂魄」）。

「恩愛紲難断事」では、中国の勾章《こうしょう》という者が宿を借りた時に、住人の若い女が歌を歌ったとする話が語られている。夜が明けて勾章が宿を出た時に振りかえると家も人もなく、ただ古い墓のみがあった。実は、歌を歌っていた若い娘は、近くの人里に住む老女の亡き娘であった。その娘は、幼い子どもと夫、老いた母を残して亡くなったために、恩愛の妄念があった。「恩愛紲難断事」では、墓を守る「魄神」が妄執の絡まるさまを歌ったのだ、とされている。

要するに、たとえ往生しても「幽霊」と呼ばれることもあり、魄（魄神）は骨がある墓地に留まりこの世に居続けると考えられるようになったのである。したがって、法然が入滅後に弟子から「幽霊」と呼ばれても、なんら不思議はない。

古代末期以降、骨と霊の結びつきは次第に強くなっていく。たとえば、堀河天皇（一〇七九～一一〇七）に仕えた藤原長子《ちょうし》（一〇七九頃～？）の日記『讃岐典侍日記《さぬきのすけのにっき》』には、天皇の崩御後、天皇を偲《しの》び、その遺骨が安置された香隆寺《こうりゅうじ》に参ったことが書かれている。その時のことについては、「よろづのことにつけても、おはしまさましかばと、常よりもしのばれさせたまへば、御姿にこそ見えさせたまはねど、おはしますところぞかしといへば、香隆寺に参るとて」（何事につけても、今この世にいらっしゃったのならばと、いつにもまして天皇の御事が偲ばれるので、御生前の御姿ではお目にかかれないけれど、おいでになるところだというので、香隆寺にお参りしようと思い）とあり、遺骨がある場所に霊もいる、と捉えられていたことが分かる。

また、『今昔物語集』三一―二七には、ある兄弟が、亡き父を慕って墓に行っては生きた父に話すかのように憂いや嘆きを涙ながらに話したことが語られている。弟の方はいつまでも父のことを忘れようとせず、墓参りをし続けた。このようにして年月が経ったある時、墓の中から「我れは汝が祖《おや》の骸《かばね》を守る鬼也。汝ち怖《おそ》るる事なかれ。我れ亦《また》汝を守らむと思ふ」（我はお前の父の骸を守る鬼だ。怖れることはない。お前のことも守ってやろうと思う）という声がした。この鬼は、その日に起こる善悪を予知できるという。父を恋い慕う弟の志に感心した鬼は、その後、弟がその日に生ずる善悪のことを夢で見られるようにしてやった、ということである。

中世前期には、子は親の墓に対して、七月半ばの盂蘭《うらぼん》盆に花を折り、年末には訪ねる習わしがあった（山田雄司「生と死の間——霊魂の観点から」）。次第に、死者の霊は骨と結び付けて捉えられるようになっていくのである。

三、能での表現

幽霊としての魄霊

能には、実に多くの幽霊が登場する。前述したように、これまで世阿弥が「幽霊」という新語を能に導入したとされてきた。しかし、「幽霊」という語は、すでに八世紀の史料に見え、その後の多くの史料に頻出する語であり、世阿弥が独創的に用いた新語ではない。世阿弥の独創性は、「幽霊」という語を用いたことではなく、幽霊を能によって目に見えるかたちで表象したことにこそある。

能の曲中では、幽霊や亡霊は、墓やその者にとって重要な出来事があった場に登場し、「魄霊《はくれい》」と表現される傾向にある（高橋悠介「能の亡霊と魂魄」）。たとえば、世阿弥の自筆本が残っている〈雲林院《うりんいん》〉には、清和《せいわ》天皇の女御「二条の后」（藤原高子《たかいこ》）の兄藤原基経《もとつね》が「悪鬼」の姿をして「基経が魄霊なり」と名乗り出る場面がある。また、榎並左衛門五郎《えなみのさえもんごろう》の原作で世阿弥による改作である〈鵜飼《うかい》〉では、現世での殺生による罪業が深いから「魂は冥途に赴けば、魄はこの世に苦を受くる」（魂は冥途に落ちて苦を受けるし、魄はこの世に残って苦を受ける）とされている。

さらに、世阿弥の〈実盛《さねもり》〉では、篠原《しのはら》の戦いで討たれた平家の侍、斎藤《さいとう》別当実盛が死後に老人の姿をして、説法をする他阿弥《たあみ》上人のもとに現れ出て昔物語をする。昔物語を聞いた上人が「さてはおことは実盛の、その幽霊にてましますか」（それではそなたは実盛の、その幽霊でいらっしゃるのか）と尋ねたところ、「われ実盛が幽霊なるが、魂は善所にありながら、魄はこの世に留まりて、なほ執心の閻浮《えんぶ》の世に、二百余歳の程は経《ふ》れども」（私は実盛の幽霊であるが、魂は善処《ぜんしょ》にいけたけれども、魄はこの世に留まっており、なおも執心の残るこの世で二百余年の年月は経たけれど）と述べている。その後、実盛は自分を弔ってくれるよう上人に頼んだ。ここでいう「善処」とは浄土を指すのだろう。

ちなみに、〈朝長《ともなが》〉でも、源義朝《よしとも》の息子で自害して果てた源朝長の墓に旅の僧が弔いのために参ったところ、朝長の霊が出てきて自身の死について物語をする。「亡魂幽霊」や「幽霊朝長」とされる朝長の霊は、「魂は、善所に赴けども、魄は修羅道に残つて、しばし苦しみを受くるなり」（魂は善処に赴いたけれど、魄は修羅道に残って、しばらくは苦しみを受けているのである）と語って、旅の僧に弔ってくれるよう頼む、という内容になっている。

このように、能の曲では、死後に魂と魄の行先は異なるとするものが多く、時には魂は浄土（善処）へ往生しても、魄はこの世、もしくは六道のいずれかに留まるとするものもある。また、前述した『今昔物語集』三一―二七と同様に、墓から魄霊が現れるとする設定が非常に多い。

ただし、能の曲中では、魂魄はつねに二元化して捉えられているわけではない。たとえば、世阿弥作〈忠度《ただのり》〉では、一《いち》の谷《たに》の合戦で討たれた平忠度の霊が旅をする僧の夢に現れ、この世に執着が残るのは昔の妄執に迷うあまりであると言い、その物語を申すために「魂魄」に移り変わってきたのだ、と告げている。ここでは、魂と魄を分けて捉えてはいない。

このようなことは、中世後期の『太平記《たいへいき》』二一にも確認でき、後醍醐天皇は息を引き取るとき、朝敵足利尊氏《あしかがたかうじ》一門を滅亡させて天下を泰平にしたいとする願いを述べ、「玉骨《ぎょくこつ》は縦南《たといなん》山《ざん》の苔《こけ》に埋《うず》むるとも、魂魄は常に北闕《ほっけつ》を望《のぞま》んと思ふ」（私の骨はたとえ吉野山《よしのやま》の苔に埋もれても、魂魄は常に北方にあたる京の皇居の空を望んでいようと思う）と告げた、とされている。すなわち、魂と魄は、亡骸《なきがら》が埋められる吉野山に居続けると考えられたことになる。また、『太平記』二四でも、楠木正成《くすのきまさしげ》の霊がかつての敵大森彦七《おおもりひこしち》のもとへ黒い雲に乗り報復しようと来たとき、彦七が「人死して再び帰る事なし。定《さだめ》て其《その》魂魄の霊鬼と成《なり》たるにてぞ有《ある》らん」（人は死んで再び生き返ることはない。きっとその魂魄が霊鬼となったのだろう）と挑発している。つまりは、魂魄に関しては、中世でも、ひとつのものだとする見方と二元的な見方の両方が並存していたと言えるだろう。

能における幽霊や魄霊の姿は、死後の時間の経過を示すため、老人や老女で表現されたほか、しばしば鬼の姿でも表現された。たとえば、前述の〈雲林院〉では藤原基経の「魄霊」は「悪鬼」の姿だとされており、〈昭君《しょうくん》〉では「胡国《ここく》」の大将韓邪将《かんやしょう》の「幽霊」は茨《いばら》を頭にのせたように髪の毛の突っ立った「冥途の鬼」「鬼神」とされている。魄霊や幽霊は、古代から中世にかけて恐れられたモノノケと似通った姿でイメージされていたと言えるだろう。

能に幽霊が多く登場するようになった理由としては、一四世紀からの霊魂観の転換を挙げることができる。一四世紀後半からは、死後の世界のイメージが一変する。この頃になると、浄土に対するリアリティが徐々に減退し、他界への往生をかつてほどには欣求《ごんぐ》しなくなっていった。それによって、死後には墓地に安らかに眠り、子孫と交流することが願われるようになるのである（佐藤弘夫『死者のゆくえ』）。このような状況の中、能の曲中で、墓などに出てくる幽霊が演じられるようになったのだろう。

能の中の怨霊

能には、幽霊のみならず、怨霊も登場する。たとえば、〈葵上《あおいのうえ》〉に出てくる六条御息所の霊は「怨霊」とされている。モノノケにとりつかれ苦しむ葵上は、大掛かりな修法や医療を受けてもよくならない。そこで、巫女に梓弓《あずさゆみ》の弦を鳴らして霊を呼び寄せさせたところ、六条御息所の「怨霊」が現れ出たのである。取り急ぎ比叡山の横川《よかわ》にいる「小聖《こひじり》」を呼び寄せて加持をさせたところ、怨霊は「いかに行者、はや帰り給へ」（行者よ、さっさとお帰りなさい）と抵抗したものの、結局は「小聖」の法力に観念し、もう二度と来ないと告げることになる。その後「悪鬼」（怨霊）は、「小聖」による読誦《どくじゅ》を聴いて心を和ませ成仏した、という話になっている。

〈葵上〉は、『源氏物語』「葵」をもとにしているものの、それとは随分と異なる内容となっている。第一、『源氏物語』では葵の上を苦しめたのは六条御息所の生霊であるのに対し、〈葵上〉では明らかに死霊という設定になっている。さらに、『源氏物語』では、巫女の梓弓ではなく、僧侶の加持によって葵の上本人に憑依したとされている。ここにはそれぞれの制作時におけるモノノケ調伏のあり様が反映していると言える。『源氏物語』制作時には、「怨霊」とは社会的に大きな影響を及ぼす死霊を指す語であった（山田雄司『崇徳院怨霊の研究』）。その後、「怨霊」という語が指す霊は次第に変化していき、〈葵上〉制作時には、怨念を持ち現世の人間に悪をなす霊一般を指す語となっていた。〈葵上〉では、怨念が強いことを強調する目的で「怨霊」という語が用いられたのだろう。

ちなみに、能の曲中にモノノケが出てくることは稀である。〈葵上〉が作られた中世後期でも、いまだモノノケは病をもたらすと考えられていた。しかし、古代や中世前期ほど危機意識を持って日記などに記されることはなくなっている。つまり、〈葵上〉では、『源氏物語』という古い文学作品に出てくる表現を用いたにすぎないのである。

荒ぶる幽霊の登場

中世後期における能の作中では、多くの場合、幽霊は怨念を持たず、供養の対象として登場する。ところが、怨念を持ち供養されない幽霊も、能の中に見出すことができる。

たとえば、怨念を持った幽霊は、観世小次郎信光《かんぜこじろうのぶみつ》（一四三五？〜一五一六）の作〈船弁慶〉に登場する。壇ノ浦の合戦で平家が滅亡したのち、源頼朝と弟義経《よしつね》は仲たがいをした。〈船弁慶〉では、義経が西国へと落ちのびるために弁慶とともに舟に乗り込んだところ、折からの嵐で海が荒れ、壇ノ浦に沈んだ平知盛《とももり》の霊が「そもそもこれは、桓武天皇九代の後胤《こういん》、平知盛幽霊なり」（そもそもこれは、桓武天皇九代の後胤、平知盛の幽霊である）と名乗りをあげて現れる。知盛の幽霊は、「義経をも、海に沈めん」（義経をも、海に沈めよう）と言って、薙刀《なぎなた》を振り回した。義経が刀を抜き生きた人間に立ち向かうかのように戦おうとしたところ、弁慶は、刀で戦ってもうまくはいくまいと、数珠をさらさらと押し揉《も》んで、五大明王に祈った。すると、次第に「悪霊《あくりょう》」（知盛の幽霊）は遠ざかっていった。そこで、弁慶は舟頭とともに力を合わせて舟を漕《こ》ぎ、追いすがってくる「怨霊」を追い払って祈り退けた。結局、弁慶による渾身《こんしん》の祈りのおかげで、怨霊は引潮に揺られ流れて行方が分からなくなり、海面には白波があるだけ、となったという内容である。

このように、〈船弁慶〉に登場する平知盛の幽霊は、「悪霊」とも「怨霊」とも呼ばれ、義経を襲う。つまり、「幽霊」という語は、〈船弁慶〉が作られた時期には、恐ろしい性質を持つ霊にも使われていた。ただしその一方で、いまだ「幽霊」は、死者を指す語でもあった。たとえば、永正《えいしょう》一三年（一五一六）正月「大僧都源雅願文案」は、醍醐寺の大僧都源雅《げんが》が前大僧正賢深《けんじん》の一三回忌に作った願文案であり、賢深は「先師前大僧正幽霊」と呼ばれ、その生前における事績を褒め称《たた》えられた上で供養の対象とされている。

このように、一六世紀には、怨念を持って現れ出てくる恐ろしい霊としての幽霊と、怨念を持たずあくまでも供養の対象である霊としての幽霊、さらには死者そのものを指す語である幽霊が、並存していた。この時期は、近世における恐ろしい幽霊の登場の、まさしく前夜であると言えよう。近世になると、次章でみていくように恐ろしい幽霊とモノノケが混同されるようになっていくのである。

第四章　娯楽の対象へ
——近世

一、物気から物の怪へ

怪談や霊への関心

近世になると、怪談が娯楽の一つとして大流行するようになる。近世には、死者は墓に留まるという認識が社会的に浸透しており、生前に死者に悪事を働いたり、死後に死者の機嫌を損ねたりすれば、死者は報復行為に出ると考えられた。ただし、古代や中世の人間が死霊を心底恐れていたのに対し、近世の人間は死霊の実在に懐疑的となっていた。その上、近世は、比較的平和な時代であったこともあり、刺激が求められ怪談会が娯楽として盛んに行われたり、幽霊画が多く描かれ鑑賞されたりしたのである。

このように死霊の実在が懐疑的に見られる中、怪談や霊について関心を抱いて言及する知識人もいた。たとえば、江戸幕府儒官林家《りんけ》の祖林羅山《はやしらざん》（一五八三〜一六五七）は儒学者として『論語《ろんご》』述而篇《じゅつじへん》の「子《し》、怪力乱神《かいりょくらんしん》を語らず」という立場にありながらも、やむを得ない場合に限って怪力乱神について語っても良く、その場合は必ず訓戒を含め人が惑うのを避けなくてはならないと言い訳めいたことを述べ、『本朝神社考《ほんちょうじんじゃこう》』や『恠談《かいだん》』、『仙鬼狐談《せんきこだん》』などで怪異に関係することを書いている。古来儒学では、祭祀を重視するものの、霊魂や死後の世界について積極的には語らない。しかし羅山は、怪異譚《たん》が世で盛んに語られる中、怪異に非常に強い興味を抱いていたのである。廃仏論者であるが故に仏教批判を繰り広げ、怪異譚を仏教ではなく儒教の論理によって解釈したのであった（木場貴俊「林羅山と怪異」）。

また、六代将軍徳川家宣《いえのぶ》のもとで幕臣となり補佐した朱子学者新井白石《あらいはくせき》（一六五七〜一七二五）は、朱子学の唯物論的な立場に立った上で『鬼神論《きしんろん》』を著して鬼神（死霊、祖霊）や怪異について語り、それらを合理的に解釈しようと試みた。『鬼神論』では、人間の生死は陰陽二つの気の集まることと散ることによるものであり、集まれば人となり、魄と魂に分かれれば鬼神となる、とされている。白石は、陰と陽の二つの気は、元来、天地の気であるから、死後、魂魄は天地へ帰り、動き続けると考えた。また、『鬼神論』では、父祖の霊を祭祀することの重要性が説かれている。

その後、平田篤胤《ひらたあつたね》（一七七六〜一八四三）は、白石の『鬼神論』にならって『新鬼神論《しんきしんろん》』

刊）を著し、鬼神の実在を証明しようとした。文政三年〔一八二〇〕改稿。のちに『鬼神新論』として一部内容を改め公刊）を著し、鬼神の実在を証明しようとした。ただし、篤胤のように鬼神や幽冥界の実在を信じ実証する立場は主流ではなく、「野暮《やぼ》と化物《ばけもの》は箱根の先」や「ないものは金と化物」という近世の諺《ことわざ》から明らかなように、不可視の「化物」の実在は否定され、すでにその現実性は稀薄となっていた。

ちなみに、大坂の町人学者山片蟠桃《やまがたばんとう》（一七四八〜一八二一）は、文政三年（一八二〇）に実学的合理主義の啓蒙書《けいもうしょ》『夢の代《ゆめのしろ》』を著して新井白石の『鬼神論』を痛烈に批判し、死後における霊魂の存続や天狗、鬼、狐狸《こり》の類の実在を否定した。その巻末では「神仏化物《かみほとけばけもの》もなし世の中に奇妙ふしぎのことは猶《なお》なし」という歌を詠《よ》み、神や仏、化物に対する自身の考えを端的に示している。

蟠桃は、実生活の上でも、その態度は徹底していた。たとえば、息子の三蔵が天然痘に罹《かか》り重篤となった時、妻の父が讃岐の金毘羅宮《こんぴらぐう》に、病気が平癒した暁にはお礼参りをすると誓った。一方、蟠桃は、息子が死に直面しているにもかかわらず、断固として神に祈らなかった。その後、めでたく病が平癒し、三蔵が一五歳となった時、蟠桃は金毘羅宮にお礼参りに赴くことになる。しかしこれは、神への信心が生じたからではなく、亡き義父との約束を果たすためであった。蟠桃は、神などは存在しないのであり、金毘羅の神が三蔵の病を治したなどとは考えていなかったのである。このことは、紀行文『入讃記』（蟠桃自筆詩文集『草稿抄』）に記されている。蟠桃の無鬼論、無神論は徹底していたのであった。

モノノケの表記

さて、怪談には、しばしばモノノケが登場する。まず、モノノケの表記を見ていきたい。慶長《けいちょう》八年（一六〇三）、イエズス会宣教師により本篇が成立した『日葡辞書《にっぽじしょ》』では「物気《もののけ》」と「物怪《もっけ》」が次のように区別されている（『邦訳日葡辞書』）。

Mononoqe　魔物に取りつかれた人の体内にいるという悪魔、狐、または、それに類するもの。
Mocqe　不幸なこと、あるいは、悪い事や堪え難い事などが思いがけなく起こること。

ところが、このような区別は、次第に明確になされなくなっていった。その上、その意味するところも、幽霊などと区別されなくなる。

たとえば、延宝《えんぽう》五年（一六七七）開板の『諸国百物語《しょこくひゃくものがたり》』一―八「後妻《うわなり》うちの事 付タリ法花経《ほけきょう》の功力」では、武蔵国秩父《むさしのくにちちぶ》の山里に暮らす大山半之丞《おおやまはんのじょう》が諸国行脚《あんぎゃ》の僧から「女の物のけ」が憑いていると告げられ、その「物のけ」は前妻の霊であった。また、同書の一―一七

「本能寺七兵衛《ほんのうじしちびょうえ》が妻の幽霊の事」や四―一三「嶋津藤四郎《しまづとうしろう》が女房の幽霊の事」などでは、しばしば人間を怯えさせたり執着心によって現れたりする死霊を「幽霊」と呼んでいる。要するに、「物のけ」と「幽霊」は必ずしも明確な区別をなされていなかったことになるだろう。

このようなことは、『諸国百物語』と同年に開板された『宿直草《とのいぐさ》』でも同様である。『宿直草』三―一二「幽霊、読経に浮かびし事」では、津《つ》の国のある百姓が妻の死後わずか七日で後妻を迎えたことが語られている。案の定、後妻は嫁いだ途端、「物の怪づきて、夜も日も物狂《ものぐる》ほし」という状態になってしまう。そこで寺へ行き念仏回向《えこう》してもらったところ、その夜から「幽霊」は来なくなり、後妻の病も治ったのであった。

『宿直草』のこの話では、「物の怪」と「幽霊」は、ともに前妻の霊を指している。ただし、「幽霊づきて」ではなく「物の怪づきて」と言っている点に注意したい。モノノケは幽霊と比較して憑依する性質が強いことから、このように書かれたのだろう。また、「物気」ではなく「物の怪」と表記されている点についても注目すべきだろう。近世には、モノノケは「物の怪」のほか、「物怪」とされることもあった。たとえば、天和《てんな》三年（一六八三）開板の『新御伽婢子《しんおとぎぼうこ》』五―一「幽霊討レ敵《かたきをうつ》」では、奥方が「物怪」のせいで病気になったと話す少年（幽霊）のことが語られている。

モノノケの表記については、野宮定基《ののみやさだもと》（一六六九～一七一一）の『平家物語考証《へいけものがたりこうしょう》』三に、

「御物のけ」と立項されており、「物ノ気」と「物ノ怪」の二つの表記はともに意味が通じるとされた上で、それらは「沈魂滞魄ノ怪ヲナス妖祟鬼撃ノ類」のことである、とされている。さらに、享保《きょうほう》二年（一七一七）に槙島昭武《まきしまてるたけ》がまとめた節用集『書言字考節用集《しょげんじこうせつようしゅう》』には、「モノノケ」と読む漢字として、「邪祟」「邪魅」「鬼疰」「物怪」の四つが挙げられており、「物気」は含まれていない。モノノケを表す場合、次第に、「物気」の表記は一般的ではなくなっていったのだろう。

モノノケの多義化

上田秋成《うえだあきなり》（一七三四〜一八〇九）は、『万葉集』の注釈書『楢《なら》の杣《そま》』で、「鬼」の字は『万葉集』や「古書」では「もの」と読むとした上で、事例として「妖鬼《ばけもの》」「鬼気《もののけ》」「鬼忌《ものいみ》」を挙げている。また近世を代表する怪異短編集『雨月物語《うげつものがたり》』（安永《あんえい》五年〔一七七六〕刊行の初版本）では、「鬼化」のみではなく、「妖怪」や「妖災」にも「もののけ」とふりがなを振っている。その『雨月物語』の中の一編「蛇性《じゃせい》の婬《いん》」は、紀伊国《きいのくに》で漁業を営む裕福な家の三男豊雄《とよお》が美しい女性県《あがた》の真女児《まなご》に出会い恋をする場面から始まる。

真女児に再び会いたいと願った豊雄は、真女児の住む家を探しあて訪ねる。その家は、ただ人が住むとは思えないほどに豪勢な家であった。真女児からの求婚を受けた豊雄は、美しく立派な太刀《たち》を渡され家に帰宅した。この太刀は都の大臣が熊野権現に奉納した宝物の一つであることが明らかになり、武士に連れられて真女児の家に行ったところ、なんと荒れ果てたあばら屋が建っていた。中に入ると、あでやかな女が一人で座っており、捕まえようとしたところ、大きな雷鳴が轟《とどろ》き女はどこかへいなくなった。

この一件は、「妖怪《もののけ》のなせる事」とされており、「妖怪」に「もののけ」とふりがなが振られている。ところが、近世では、「妖怪」という語は、「ばけもの」とふりがなを振られることが多かった（小松和彦「よみがえる草双紙の化物たち」）。つまり秋成は、「ばけもの」、もしくは「ようかい」と振るべきところを、あえて「もののけ」とふりがなを振っている。さらに、後の箇所では、真女児は年老いた蛇だと明かされ、「かの鬼《おに》」「邪神《あしきかみ》」「隠神《かくれがみ》」「妖災《もののけ》」「蠱物《まじもの》」などと呼ばれている。

結局、真女児は、道成寺《どうじょうじ》の和尚《かしょう》の呪文によって蛇の姿を露《あら》わにさせられて鉄鉢の中に入れられた。そして、そのまま土中に埋められ、その法力によって永遠に出ることができなくなった、ということである。そして豊雄は、命を全うすることができた、と語られている。

このように、『雨月物語』の中でも、モノノケは様々に表記されており、それが指すものも、霊のほか、霊とは区別されたいかがわしいモノ、さらには蛇が化けたモノであったりする。その上、ふりがなの振り方にも、実に趣向が凝らされている。秋成は、その語の持つ本来の意味に即して、読み手の想像力をかきたてるため、幅を広げ、多義化しようと志向していたのだろう（高田衛『雨月物語評解』）。

モノノケが、死霊ばかりではなく、怪しげなモノ全般を指すとする認識が強くなり、「物怪」をはじめとする様々な表記がなされるようになったのである。

三浦梅園の「物の怪」論

思想家の三浦梅園《みうらばいえん》（一七二三～八九）は、「物の怪の弁」（『梅園叢書《そうしょ》』所収）を著し、「物の怪」について論じている。寛延《かんえん》三年（一七五〇）成立の『梅園叢書』は、梅園が儒学者の立場から書いた随筆である。まず、梅園は、「物の怪の弁」で、霊験は信じる者のところにあるとしている。その上で、鰯《いわし》の頭《かしら》でもそれを信仰する人はその霊験を得ることができるし、仏舎利《ぶっしゃり》（釈迦の遺骨）であっても信じない人には霊験はない、とする。また、化物に会ったという者の多くは夜に会っており、夜は物がはっきり見えず、松の木が茂っているのや石が立っているのや、さらにはススキの花穂《かすい》までも怪しげに見え、これを慌て者が見誤って言っていることが多い、と指摘している。また、梅園は、ある禰宜《ねぎ》が雷神と間違えられた話を記している。その概要は次の通りである。

ある禰宜が、古村祭の帰り道に夕立にあい、太鼓を持ちながらずぶ濡《ぬ》れになって歩いていた。これを知らずに、ある人が禰宜と同じように雷鳴の恐ろしさに耳などをおさえてはしっていたところ、突然、稲妻があり、自分の頭に落ちるかと思い、傍らの溝に落ちて入ったところ、禰宜も同じように上に重なって互いに肝をつぶしてただ一息に逃げた。その後、溝に落ちた者が、「我こそがまさしく鳴神《なるかみ》という物を見たぞ」と周囲の人々に言った。それを聞いたものが「どのような物か?」と聞いたところ、「隣村の禰宜に少しも変わらない」と答えたので、人々は噴き出した。すると、「そのように仰るな。たしかに太鼓まで持って座っていたのだ」と言ったのであった。

なんとも滑稽な話である。この話について、三浦梅園は「世上《せじょう》の妖怪《ようかい》おもふにこの類《たぐい》多かるべし」(世の中の妖怪は、思うにこの類が多いのだろう)としている。ここで梅園が言う「妖怪」は、化物の類ではなく、不可思議な現象を指す可能性がある。

ちなみに、「物の怪の弁」の本文中には、「物の怪」という語は出てこない。梅園は、文中に出てくる、化物などを「物の怪」と捉えて論じたか、あるいは怪異や霊験といった意味で、

「物の怪」を用いたと解釈することもできる。

ヤラセと解釈されたモノノケによる病

旗本で伊勢《いせ》流有職故実《ゆうそくこじつ》研究家でもあった伊勢貞丈《いせさだたけ》（一七一八～八四）著『安斎随筆《あんさいずいひつ》』三の「物の怪《け》」の項でも、モノノケは「物の怪」と表記されている。ここでは、古代の『栄華物語』や『源氏物語』などで、病人や産婦などには必ず「物の怪」があり、僧に「加持祈禱《かじきとう》」をさせて「物の怪」が去ったことが記されているとあり、『栄華物語』などは作り物語だけれども、それが書かれた時代には、見慣れ聞き慣れ、常にあることとであったから書かれたのだろう、とされている。「後代」には病人や産婦ごとに「物の怪」があるなどというのは了解しにくいこととなっており、僧らがこっそりと「邪法」を伝え受けて狐をつかい病人や産婦などに憑けておき、後に祈り加持をして狐を放したものなのだろう、という伊勢貞丈の見解が示されている。

さらに、『安斎随筆』には、近年、江戸の千駄ヶ谷《せんだがや》にある千手院《せんじゅいん》の住僧が人に狐を憑けて、のちに仲間の比丘尼《びくに》に「千手院の祈禱は実に素晴らしい」と人に勧めさせて祈禱を依頼され狐を放すことをしていたのが露見して、その僧が追放されたと聞いたとある。伊勢貞丈は、昔の僧もこのような者が多かったのだろうとし、「物の怪」は強く否定するものの、僧が狐を自在に操り人に病をもたらすことに関しては肯定している。

恐ろしくなくなる化物・妖怪

一八世紀には、『安斎随筆』のように、モノノケなどの霊的な存在を虚構とする考え方が主流となってきたのだろう。たとえば、宝暦《ほうれき》一四年（一七六四）に刊行され、手品のやり方を説いた『放下筌《ほうかせん》』では、妖怪を作り出す手品が多く紹介されている。

安永《あんえい》五年（一七七六）には、狩野《かのう》派の流れを汲《く》む鳥山石燕《とりやませきえん》によって『画図百鬼夜行《がずひゃっきやぎょう》』が刊行され、次々と続編が刊行されるほど大変な好評を得た。そもそも「百鬼」は、古代では、夜に大勢で現れ人間に災厄をもたらすものとして恐れられていた。それに対し、『画図百鬼夜行』では、「ぬうりひょん」や「ぬつぺつぽう」といった滑稽な容姿のものも含まれている。『画図百鬼夜行』のあとがきには、中国の『山海経《せんがいきょう》』と狩野元信《もとのぶ》（一四七六〜一五五九）の『百鬼夜行』を手本にして作った、とされている。たしかに、『画図百鬼夜行』には、元文《げんぶん》二年（一七三七）の『百怪図巻《ひゃっかいずかん》』（福岡市博物館所蔵。奥書に、狩野派の画家佐脇嵩之《さわきすうし》が狩野元信の絵を写した模写とある。元信の『百鬼夜行』は現存しない）と重なる絵が多い（京極夏彦・多田克己『妖怪図巻』）。先行するこれらの絵を参考にして制作されたと考えられる。

『画図百鬼夜行』には、「生霊」「死霊」「幽霊」も描かれている。「生霊」は、足がぼかされ

『画図百鬼夜行』に描かれた生霊（右上）、死霊（左上）、幽霊（左下）

て描かれないものの人間の姿であるのに対し、「死霊」は蚊帳《かや》の裾をめくり上げ中に入ろうとしており、般若のような形相で描かれている。おそらく、裏切った夫への怨念を晴らそうとする元妻の霊なのであろう。「幽霊」は、額に三角紙をつけ実に美しい容姿で墓場から現れる。「死霊」と「幽霊」が描き分けられている点が面白い。死霊と幽霊は文脈によって同じものを指し、区別されず用いられることが多かったものの、それぞれの語が喚起するイメージは微妙に異なっていたのである。

ちなみに、『百怪図巻』には、幽霊は描かれているものの、生霊や死霊はない。その上、『百怪図巻』の幽霊は、死者の姿を彷彿《ほうふつ》とさせるようなおぞましさを持つ。『画図百鬼夜行』の幽霊は、「死霊」との描き分けのために、あえておぞましい姿ではなく美麗な容姿にされたのだろうか。

さて、人々が眺めて楽しんだのは、手品や絵ばかりではない。出雲国松江《いずものくにまつえ》の松平《まつだいら》出羽守《でわのかみ》宗衍《むねのぶ》（一七二九〜八二）は、饗応《きょうおう》の席で化物の姿をした者に客をもてなさせるなど、化物振舞《ばけものふるまい》を楽しんでおり、そのことは様々に語り継がれた（近藤瑞木「化物振舞——松平南海侯の化物道楽」）。同時期には、奇形の女性の見世物も楽しまれるようになった。たとえば、安永七年（一七七八）には、善光寺《ぜんこうじ》の阿弥陀如来の出開帳《でがいちょう》で、「鬼娘《おにむすめ》」の見世物が行われた。「鬼娘」は、頭に隆起があり、鬼のような風貌をした奇形の女性であった。近世にはこのような見世物が人気を博したのであった（香川雅信『江戸の妖怪革命』）。

さらに、草双紙《くさぞうし》にも、妖怪、化物の類は非常に多く登場する。草双紙とは、絵に重点を置いた大衆向け小説の一種で、赤本、黒本、青本、黄表紙《きびょうし》、合巻《ごうかん》の総称であり、女性や子ども向けの作品も非常に多い。天明《てんめい》八年（一七八八）刊行の草双紙『夭怪着到牒《ばけものちゃくとうちょう》』では、「妖《よう》怪《かい》」とは、臆病な心が勝手に作り出すものか、という問題提起をした上で、必ずしもそうではなく、夜も深まればいろいろな恐ろしい姿を現し、それを見る者は肝を冷やすのだ、とされている。すでにこの頃に、妖怪は臆病な心が作り出すものであるという考えが一般的だったからこそ、このように語られたのである。『夭怪着到牒』では、様々な悪さをした化物たちが朝比奈三郎《あさひなのさぶろう》によって根絶やしにされて終わり、「いま《（今）》のよ《（世）》にハ少しもこわき《（怖）》事ハなし。御子《おこ》さまがた御気をじやうぶ《（丈夫）》にしい《（尿）》に御出《おいで》なさるべく候」とされている。このように妖怪や化物は、次第に現実味を失っていき、子ども向けにも語られ、視覚化されるようになったのであった。

俳句で成仏させる松尾芭蕉

近世になると、霊への対処も、多様に語られるようになってくる。たとえば、俳人松尾芭《まつおば》蕉《しょう》（一六四四～九四）やその門人にまつわる奇談集『芭蕉翁行脚怪談袋《ばしょうおうあんぎゃかいだんぶくろ》』（安永六年〔一七

松尾芭蕉と人魂　『芭蕉翁行脚怪談袋』（明治24年、今古堂）

七七）以前成立）の会津本《あいづぼん》系統には、筑《ちく》前国《ぜんのくに》を訪れた芭蕉が、小佐川《おさがわ》に出る「霊魂」を発句により成仏させる説話がある。その概要は次の通りである。

　毎夜、小佐川の土橋には、疲れ果てた男が寂しげに川下の方に向かって呼び声を上げるので、人々は恐れて夜中には誰もその近辺を通る者はいなくなった。毎晩現れ出る男の話を聞いた芭蕉は、それは「化生」のものであろうと考えた。そこで芭蕉が「化生」が現れ出るのを待っていると、水中から出てきた青い光を放つ玉が落ち、その傍らに幻のように一人の男が立った。その「化生者《ばけもの》」は、白い着物を着て髪を乱し、青ざめた顔で疲れ果てた姿であった。男は、川下に向かって、「なぜこちらに来ないのだ。早くこちらへ来ておくれ！」と何者かを呼んでいる。一方、川下からは、「そちらへ行きたいのは山々だけれど、前世の罪業妄執のせいで行くことができないわ！」と嘆く声が聞こえてきた。理由を尋ねる芭蕉に対して、泣き悲しむ男は、生前に夫を持つ妻と密通したことが露見したため、自分は川上に、密通した女は川下へと投げ込まれ死んだのだと告げた。男によると、死に際もともにできなかったことを残念に思う執念が死後に至るまで忘れられず、愛着の念により成仏できずにいるという。この話を聞いた芭蕉が、死んでも執着を深く持ち続けていることや、生前に邪《よこしま》な行為をしたことなどを叱り飛ばしたのち、「私が数年功を積んだ発句の利によって、再び汝《なんじ》の執念と女の執念と合集させてみよう」と言い、高らかに「川上《かわかみ》と此川下《このかわしも》や月の友」と吟じた。すると、芭蕉が教え諭《さと》したおかげで霊魂も悟りを得られたのか、この一句の威徳によるのか、男は「青魂《せいこん》」となって川下へ飛んで行き、川下からも「青魂」が飛んできて、二つの玉がもつれあい、極楽浄土のある西の空へと飛び去って行ったのであった。その後は、怪しげなことはなくなったということである。

「川上と此川下や月の友」は、かつて実際に芭蕉が情緒あふれる江戸の情景を詠《よ》んだ句である。本来は、霊魂の成仏とは全く関係がない。『芭蕉翁行脚怪談袋』には、この話の他、俳句によって木曽義仲《きそよしなか》の霊を弔う話や、女に化けた狸《たぬき》の本性を露わにする話など、俳句によって様々な奇瑞を現す芭蕉の奇談が収められている。

第二章で、和歌によるモノノケ調伏の説話を紹介した。和歌には、霊的な力があると考えられていたのである。同様の性質は、俳句にも宿るとされた。とりわけ、多くの名句で知られる松尾芭蕉による俳句の詠吟の威力は、語るに足るものだったのだろう。

このほか、近世には神職者によって書かれた怪談で、「物気《もののけ》」に対し神道的な方法である清祓《きよはらい》や遷宮によって対処することが語られた（近藤瑞木「神職者たちの憑霊譚――『事実証談』の世界」）。モノノケ観の変容とともに、それへの対処も変遷している。

二、実在か非実在か――大流行する怪談

『稲生物怪録』の諸本

一八世紀後期以降、モノノケの現実味はさらに失われていき、娯楽化していく。以下、『稲生物怪録《いのうもののけろく》』を見ていきたい。題に「物怪」の語が付く作品は珍しく、その上、後世に大きな影響を及ぼした作品だからである。

『稲生物怪録』には、諸本があり、大きく分けて、柏正甫《かつらせいほ》が武太夫《ぶだゆう》から直接聞いた話をまとめた形式の柏本《かつらぼん》（天明三年〔一七八三〕の叙がある。初期の柏本の表題は『稲亭物怪録《とうていぶっかいろく》』）と、武太夫本人が書いたとされる『三次実録物語《みよしじつろくものがたり》』、平田篤胤やその門人らが柏本を底本とし異本をもって校合した平田本と、絵本、絵巻がある。

『稲生物怪録』のあらすじ

『稲生物怪録』は、広島藩士の柏正甫が、備後国《びんごのくに》三次《みよし》の藩士稲生武左衛門《ぶざえもん》の長男平太郎《へいたろう》（一七三五〜一八〇三、諸本により武太夫とも。後に武太夫と名乗る）の体験談を筆録したものである。柏正甫も平太郎も、実在の人物だと考えられる。『稲生物怪録』は、諸本により話が若干異なるが、ここでは柏本（吉祥院本）に沿ってあらすじを簡略に記す。

寛延二年（一七四九）五月末、一六歳の平太郎は、肝試しのため、百物語をしたのち、比《ひ》熊山《ぐまやま》に登ることになった。山上の大木に触った者は、祟りを受けて「物怪」にとりつかれるとされていたので、近寄る者などいない。平太郎は、杉の大木の周りを三周して、確かに来た証拠として、草の葉を結び付けて帰還した。百物語ののちには怪異が起こるとされており、七月一日から三〇日間にもわたって怪異が続いた。たとえば、縁側で巨大な毛むくじゃらの手に鷲《わし》づかみにされたり、台所から塩俵がふわりふわりと飛んできて頭上に落ちかかってきたり、畳がバタバタと上がっては落ち部屋中が埃《ほこり》まみれになったり、寝ている平太郎の胸の上に老女の首が飛びかかってきたり、天井が膝上まで下がってきて天井の裏側を見渡せるようになってしまったり、縁の踏石が柔らかくて冷たい何ものかの腹でありその何ものかは目玉を動かしてパチパチと瞬《まばた》きをしていたり、物置の戸口を巨大な婆《ばばあ》の首が塞いでいたりと、不可思議な出来事が次々と起きた。そして三〇日目となる七月三〇日、太った大男の姿をした「物怪」が現れ「山ン本《さんもと》五郎左衛門」だと名乗り、狐や狸といった「賤《いや》しき類《たぐい》」ではなく、「魔王の類」だと告げる。「山ン本五郎左衛門」は、平太郎は厄難にあう時期を迎えており、そういう者を驚かせ恐れさせることを自身の業としていると言い、これから九州へ下り島々に渡るから、今後は何の怪事もないだろう、と告げた。さらに、怪しいことが起これば、北を向いて「はや山ン本五郎左衛門来れり」と唱えるように指示した上で、「長らくの逗留《とうりゅう》、かたじけなし」と礼を言ったのである。「山ン本五郎左衛門」は、駕籠《かご》に乗り込み、大勢の供の者と一緒に空に上がり消え失《う》せたのであった。

『稲生物怪録』のモノノケ

『稲生物怪録』では、章題として「大足跡ありし怪」や「女首の怪」、「逆さ首の怪」、「天井より手の出《いで》し怪」などがあり、『稲生物怪録』という題の「物怪」は怪異と解釈することもできる。ただし、この時期には、怪をなす主体をモノノケと呼ぶことは一般化しており、『稲生物怪録』の中にも、怪をなす主体を指す場合に「物怪」という語を用いる事例を多く見出すことができる。

たとえば、「八日の夜大勢夜伽《よとぎ》に来る事　并《ならび》ニ同夜煤掃《すすはらい》の怪」では、ともに肝試しをした権八《ごんぱち》が一日目に小坊主と遭遇して以来、熱が出て、食事もいつものようには摂《と》れないと聞いた平太郎が、「自然と物怪の気に当りしものならん」（おのずから物怪の気に当てられたのだろう）と述べた、とされている。

さらに、「えい〳〵声の怪」では、地響きとともに物置部屋に置いておいたはずの漬物桶《つけものおけ》

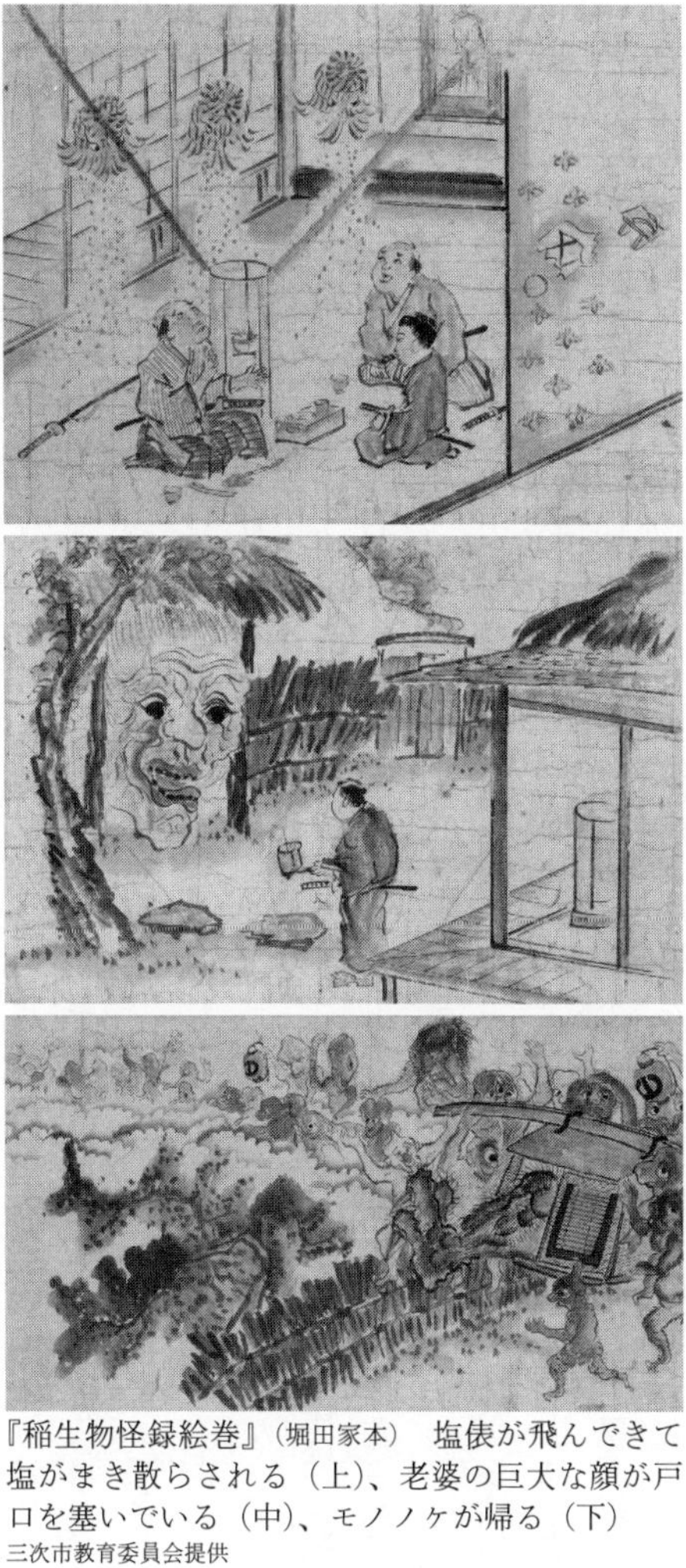

『稲生物怪録絵巻』（堀田家本）　塩俵が飛んできて塩がまき散らされる（上）、老婆の巨大な顔が戸口を塞いでいる（中）、モノノケが帰る（下）
三次市教育委員会提供

が台所に移動していたという不思議な出来事があった、とされる。平太郎は、お茶うけにしなさい、ということかもしれないと考え、「物怪殿の志こそ優しけれ」（物怪殿の思いやり、なんと優しいことだ）と言い、漬物を取り出したけれど、一緒にいた者は物怪が持ってきた漬物など気味が悪いと思ったのか、食べないでそのままにした、とある。

また、大男が駕籠に乗って帰る章は「物怪帰去の事　并ニ蚯蚓《みみず》の怪」という題となっている。つまり、様々な怪をなした張本人である大男は「物怪」と呼ばれている。物怪は、『稲生物怪録』で、しばしば「化物」とも呼ばれており、物怪と化物の区別は厳密にはなされていない。このように、物怪は、怪をなす主体を指す語ともされている。

物怪は、絵本や絵巻では、実に多様な呼び方をされている。『稲生物怪録』に関する絵巻や絵本には、井丸《いのまる》家所蔵『怪談之由来《かいだんのゆらい》　并《ならびに》　画《え》』や堀田家所蔵『稲生物怪録絵巻《いのうもののけろくえまき》』、広島県立歴史民俗資料館所蔵『稲亭物怪録』、吉田家所蔵『稲生武太夫一代記《いのうぶだゆういちだいき》』、東北大学附属図書館（狩野文庫）所蔵『稲生平太郎物語《いのうへいたろうものがたり》』、宮内庁書陵部所蔵『稲生逢妖談《いのうほうようだん》』、西尾《にしお》市岩瀬文庫所蔵『稲亭物怪図記《とうていぶっかいずき》』などがある。

たとえば、井丸家所蔵『怪談之由来　併画』では、「武太夫《ぶだいふ》、はじめ化物《ばけもの》に出合《いであい》し来由《らいゆ》は」とあり、物怪は、「化物《ばけもの》」とされている。また、堀田家所蔵『稲生物怪録絵巻』では、「化粧《おばけ》は、其間《そのま》に、居《い》間の床《ゆか》の下《した》に、入りにけるとなり」や「夜明《よあけ》て見れば、台所《かって》に、近所の漬物石なるとぞ。妖怪《ばけもの》、取寄《とりよせ》、かくは、したりなん」、「化粧《ばけもの》とは、つゆしらず」、「妖怪《おばけ》のなすことゝ見へて」、「庭前一面、異物《おばけ》みち〳〵たり」など、「化粧」に「おばけ」や「ばけもの」とふりがなを振ったり、「妖怪」に「ばけもの」や「おばけ」、さらには「異物」にも「おばけ」と振ったりしている。

　モノノケは「化物」や「妖怪」「化粧」「異物」などと表記され、それぞれ、様々にふりがなが振られ、厳密な区別はなかったことが分かる。様々な表記は、モノノケが『稲生物怪録』の中で三〇日間にわたっていろいろな姿や性質を持って現れ出てくる多様な面を表現するのに適していると考えられたためかもしれない。

モノノケの姿

『稲生物怪録』に登場するモノノケは、平太郎を驚かすために多様な姿で現れる。最後の章「物気帰去の事　并ニ蚯蚓の怪」で現れたモノノケの正体の大男、山ン本五郎左衛門は、帷《かた》子《びら》の上下を着し、腰に刀を差した姿をしていた。ところが、大勢の供の者を引き連れ駕籠に乗って天に昇っていく場面では、駕籠の扉から巨大な毛むくじゃらの足が一本にょっきりと出ている様が描かれている（吉田家所蔵『稲生武太夫一代記』、堀田家所蔵『稲生物怪録絵巻』、東北大学附属図書館〔狩野文庫〕所蔵『稲生平太郎物語』、宮内庁書陵部所蔵『稲生逢妖談』、西尾市岩瀬文庫所蔵『稲亭物怪図記』）。三〇日間、様々な姿に化けて現れたものの、本来の姿は毛むくじゃらの足を持つ大男だったということになるだろう。

そして、にょっきりと飛び出した足の指は、鋭い爪のある三本指、もしくは二本指である。かつて後白河法皇が制作させた『白描《はくびょう》絵《え》料紙《りょうし》墨書《ぼくしょ》金光明経《こんこうみょうきょう》』でも、モノノケの指は手も足も三本指であった（第一章七一頁参照）。『稲生物怪録』の絵巻や絵本に登場するモノノケの姿には、かつてのモノノケの名残があると言えるだろう。ただし、『稲生物怪録』の絵巻や絵本では、駕籠に乗ったモノノケの供の者も、三本指や二本指であるものの、一つ目や三つ目の物、獣の顔をした物など、提灯をぶら下げながら、いかにも楽し気で滑稽な姿で描かれている。この点は古代のモノノケとは随分と差がある。

『稲生物怪録』のモノノケは、平太郎に成仏のための供養を求めることも、調伏されることもない。さらに、帰り際に礼を言うなど、古代や中世前期のモノノケとは大きく異なる。その上、供の者を引き連れている点も異なる。古代や中世前期では、モノノケは個人的な怨念により病や死をもたらす死霊であることが多かったため、供の者を引き連れて現れるとは考えられていなかった。モノノケへの恐怖が現実的ではなくなった近世には、対処方法が真剣に模索されることはもはやなくなった。モノノケは、主に文芸作品で語られる対象となり、妖怪や化物とも明確には区別されなくなり、滑稽さが求められるようになったのである。

平田篤胤と『稲生物怪録』

ところが、『稲生物怪録』に異様なほどに関心を示し、「物怪」の実在の証拠にしようとした者もいた。それは、国学者本居宣長《もとおりのりなが》の死後の門人、平田篤胤である。

篤胤は、徹底した霊界調査をしたことで知られる国学者である。『新鬼神論』や『霊能真柱《たまのみはしら》』（文化一〇年〔一八一三〕）を著し、人は死ぬと「神霊《しんれい》」となり、その「情」は生前と変わらないまま、黄泉《よみ》ではなく大国主命《おおくにぬしのみこと》の支配する幽冥界《ゆうめいかい》に行くと考えた。幽冥界とは、この地に重なったかたちで存在する見えない世界である、とした。

篤胤は、自説の補強のために、天狗に誘われ山で修行をして戻ってきたとして当時世間を騒がせていた「天狗小僧」の寅吉《とらきち》に、「山人界」（天狗界）での祭祀や生活、寿命、飛行法、武器、修行方法などの多岐にわたる内容を尋ねて、それを記録し『仙境異聞《せんきょういぶん》』（文政五年〔一八二二〕刊）を著した。『仙境異聞』には、自身の神体験も記録している。さらに、武蔵国多摩郡程窪村《ほどくぼむら》の百姓久兵衛《きゅうべえ》の子藤蔵《とうぞう》（六歳で死亡）の生まれ変わりだと語る、同郡中野村の百姓源蔵《げんぞう》の子勝五郎《かつごろう》を取材して『勝五郎再生記聞《さいせいきぶん》』（文政六年〔一八二三〕）も著している。これらの調査は、篤胤にとって、自説を補強する非常に重要な活動であった。

篤胤は、霊界への関心から、『稲生物怪録』にも大いに興味を示し、異本を三部入手して校合している。篤胤は、「子孫の稚子等《わくこたち》」に、世の中にはこのような物があることを知らしめ、「鬼神」の実在を立証しようとしたのである（篤胤の著述目録『大壑平先生著撰書目《だいがくへいせんせいちょせんしょもく》』）。篤胤死後、門人の手によって最終的な校合および三次《みよし》での調査がなされ、『稲生妖怪録比校頭書』という実地調査と諸本の比較研究書まで作成された。

篤胤が『稲生物怪録』に関心を抱いた理由は、『稲生物怪録』が実際に起きた事件を記録した著作とされていることによるのだろう。というのも、『稲生物怪録』には、実在した人物や場所、建物が登場する。

つまり、平田本『稲生物怪録』には、鬼神や幽冥界の実在を立証しようとする篤胤やその門下の強い意志が込められているのである（吉田麻子「『稲生物怪録』の諸本と平田篤胤『稲生物怪録』の成立」）。

平田篤胤による仏教排撃とモノノケ否定

ただし、平田篤胤は、仏教排撃を論じた『出定笑語《しゅつじょうしょうご》』上（文化八年〔一八一一〕）では、貴族社会を中心に恐れられていたモノノケを否定している。『出定笑語』によると、かつて高貴な身分の者に懐妊や体調不良があると、大体は「物怪《もののけ》」が原因と判断されて、「法師ども」によって祈禱がなされて快復したとある。これについて、病気になったのは、「物怪」

を憑けて病気にさせ祈禱をして、利益を得ようとした「法師ども」の仕業によるものだ、と結論づけられている。高貴な身分の者ばかりに「物怪の祟り」があって、下々の者にはそのようなことは全くないことが証拠とされている。

続けて篤胤は、僧や修験者らの中には、今でもこの「謀事《はかりごと》」を行って自分で狐を憑けてその狐を落とす祈禱を請け負い、褒美を得る者もしばしばいる、と指摘している。同様のことは、前述した伊勢貞丈の『安斎随筆』にも書かれていた。このような問題が取りざたされることは、間々あったのだろう。

篤胤は、大乗仏教を強く否定する立場をとっていた。それによって『霊能真柱』でも、死霊が現れる事例をほとんど用いていない。それのみではなく、仏教的な文脈における事例を積極的に退けてもいる。たとえば、『霊能真柱』では、地獄と極楽を見たという女に篤胤が薬を与えると、女が「仏法」を信じていることを「妖鬼」がからかってつけ込んだものにすぎなかった、とばっさり切り捨てている。ここでは、せっかく死後の世界を追究し得るかもしれない人物と対話しているにもかかわらず、そのことは語っていない（吉田真樹『平田篤胤――霊魂のゆくえ』）。

モノノケ調伏は、仏教の加持や修法《しゅほう》によって行われていた。すべては「法師ども」の謀略によるものであると、モノノケの実在自体を捨象したのである。『稲生物怪録』によって

「物怪」の実在を証明しようとする行為と、かつての貴族社会で恐れられたモノノケを否定し「法師ども」の謀略だと結論づける行為は、矛盾する。仏教を否定するあまりの、なんとも皮肉な結果である。

楽しまれる草双紙の化物

平田篤胤やその門人のように、幽冥界の実在を確信し、精力的に調査を行う者がいた一方で、モノノケや化物、妖怪の娯楽化には拍車がかかっていく。たとえば、『東海道中膝栗《とうかいどうちゅうひざくり》毛《げ》』で知られる十返舎一九《じっぺんしゃいっく》（一七六五〜一八三一）は、草双紙の作家としても活躍し、寛政《かんせい》八年（一七九六）から文化五年（一八〇八）まで毎年のように化物の草双紙を発表している。化物の草双紙は人気を博していたのだろう。これらは、まさしく後の水木しげるの世界を彷彿とさせる、実に魅力的な作品群である。

十返舎一九による黄表紙『信有奇怪会《たのみありばけもののまじわり》』（寛政八年〔一七九六〕刊）は、化物退治をする豪傑坂田金平《さかたのきんぴら》に間抜けな化物たちが振り回され、最後には残らず箱根の先に引っ込んでいく話である。ろくろ首が縄を切ろうとして間違えて自分の首を食い切ってしまったり、蜜柑《みかん》籠《かご》に紙を張り目鼻を書いて作った金平の首を化物たちが本物だと勘違いしてまんまと騙されたりなど、面白おかしいストーリー展開だ。同じく十返舎一九の作『妖怪一年草《ばけものひととせぐさ》』（文化五年（一八〇八）刊）は、化物たちが年中行事を楽しむ様が生き生きと紹介されており、実に滑稽な化物の世界が活写されている。その冒頭には、本物の化物ではないから、女性も子どもも気遣いなく楽しめる、という口上が書かれている。このような言い回しはよく使われるものであった。

（上）蜜柑籠に紙を貼って作った金平の首を化物たちが本物だと思い込んでだまされる場面　『信有奇怪会』（東京都立中央図書館加賀文庫所蔵）
（下）幽霊が極楽へいく場面　『化皮太鼓伝』（国立国会図書館所蔵）

十返舎一九作・歌川国芳《うたがわくによし》画『化皮太鼓伝《ばけのかわたいこでん》』（天保四年〔一八三三〕刊）は、中国の『水滸伝《すいこでん》』をもじった作品であり、一九の死後に刊行された。『化皮太鼓伝』には、化物の白だわしと幽霊が結婚する場面まである。ところが、幽霊は、好きものの白だわしが毎晩のようにしつこく求めてくるのに嫌気がさし、地獄へ戻りたくなってくる。しかし、地獄への帰り道も分からず、これ以上死ぬこともできないので、もはや娑婆《しゃば》世界の男を殺そうとする妄念はとどめ、念仏を称《とな》えて信心を持ち極楽浄土へ成仏し、この苦しみから逃れることにした。幽霊を連れ戻そうと地獄からやって来た鬼を豪傑白だわしが張り飛ばしている間に、阿弥陀仏が紫雲に乗って現れ、「地獄よりは極楽へ、さア〳〵はや《（早）》くきなこ《（黄粉）》もち《（餅）》」と洒落《しゃれ》を言いながら幽霊を引き上げ、極楽浄土へと飛び去った。「さア〳〵はやくきなこもち」の「きな」は「来な」の洒落であり、「来なさい」という意味である。それにしても、洒落を言う阿弥陀仏はいわずもがなであるが、化物と幽霊が結婚するというのも実に面白い。つまり、両者は似た者同士ということなのだろう。これらの作品に、モノノケは出てこないものの、『稲生物怪録』で見たように、モノノケ、化物、妖怪は、必ずしも明確には区別されていなかった。化物と幽霊のみならず、モノノケも似たもの同士なのである。

双六やカルタにされたおばけ

近世後期には、「百種怪談妖物双六《むかしばなしばけものすごろく》」や「おばけかるた」「化物づくし」などの玩具《おもちゃ》が人気を博すようになる。

たとえば、累《かさね》やお菊《きく》、お岩《いわ》は、一枚の絵が折り方によって何種類もの絵になるように作られる変わり絵に描かれている。「新板化物尽《しんぱんばけものづくし》」（天保年間〔一八三〇～四四〕頃。国立歴史民俗博物館所蔵）には、一つ目小僧やムカデの化物、雪女とともにこれらが描かれているのである。

累の絵　『死霊解脱物語聞書』（上）、累をまつる法蔵寺（下）

ちなみに累は、元禄三年《げんろく》(一六九〇)刊行の『死霊解脱物語聞書《しりょうげだつものがたりききがき》』に登場する。『死霊解脱物語聞書』は、夫に殺害された累が霊となり、後妻の菊にとりつき苦しめたという、下総国岡田郡羽生村《しもうさのくにおかだごおりはにゅうむら》で起きた事件の聞き書きである。累の話は、巷《ちまた》に流布し、のちに歌舞伎や文楽に取り上げられたほか、落語家の三遊亭圓朝《さんゆうていえんちょう》(一八三九〜一九〇〇)によって『真景累ヶ淵《しんけいかさねがふち》』も作られた。

お菊は『番町皿屋敷《ばんちょうさらやしき》』で語られている。青山播磨守主膳《あおやまはりまのかみしゅぜん》の屋敷の下女お菊は、主膳が大事にしていた皿を一枚割った罪で中指を切り落とされ監禁される。井戸に身投げをした菊は、その後、霊となって復讐をする。

お岩は『東海道四谷怪談《とうかいどうよつやかいだん》』に登場することで知られており、夫伊右衛門《いえもん》の裏切りにより飲まされた毒で顔が醜く崩れた上に、伊右衛門の命令で家に来た按摩《あんま》と揉み合い刀が刺さり死ぬ。その後、岩は霊となり夫らに復讐していく。

近世によく知られた累、お菊、お岩は、変わり絵に描かれ、楽しまれた。それにしても、累やお菊、お岩が、一つ目小僧やムカデの化物、雪女とともに「化物」として描かれているのは、興味深い。

そもそも、累やお菊、お岩の霊は、怨念を持ち縁者に病をもたらす恐ろしい死霊である。もし古代であれば、その正体が判明する以前の段階では、モノノケと呼ばれ、正体が分かれ

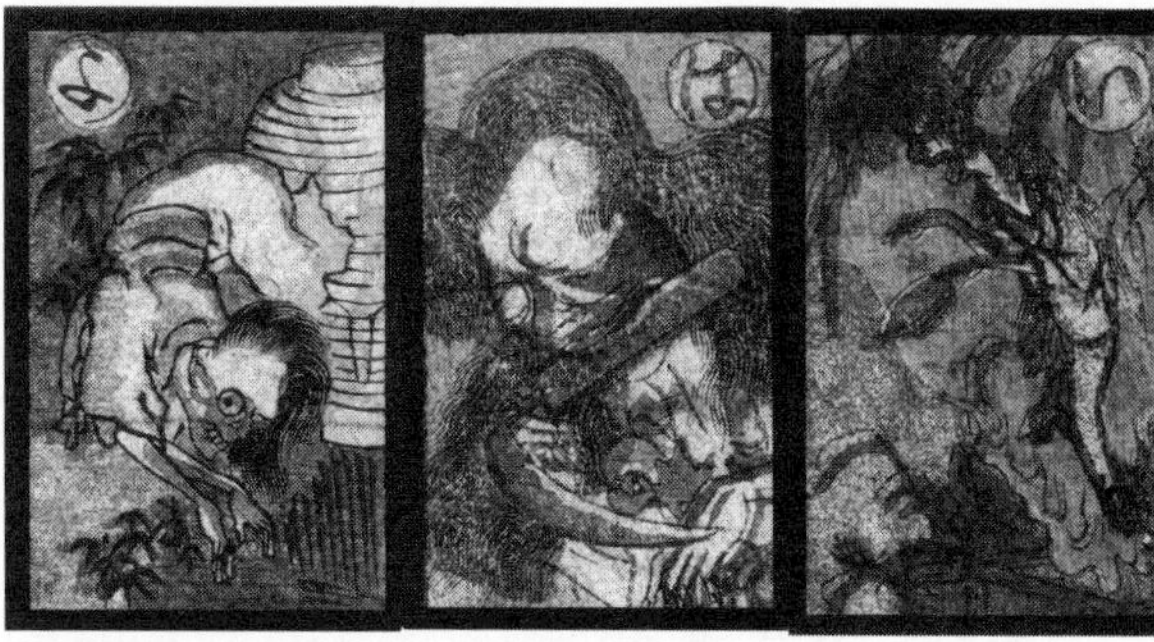

累、お菊、お岩のカルタ　「をばけかるた」（復刻版）

ば「累の霊」などと言われたはずである。また、中世であれば、正体が定かになった段階でもモノノケと呼ばれただろうし、怨霊と捉えられた可能性もある。したがって、中世以前であれば、累、お菊、お岩は、モノノケと呼ばれて恐れられたはずである。本来ならば、一つ目小僧などという、いかにも滑稽なものと同列に扱い楽しむのはもってのほかである。近世後期になると、かつて恐れられた死霊は遊びの素材として、すっかり面白おかしく扱われてしまうのである。

累、お菊、お岩は、近世後期の玩具にそろってよく使われていた。歌川芳虎《うたがわよしとら》「百物語戯双六《ひゃくものがたりたわむれすごろく》」（天保一四年〔一八四三〕～弘化《こうか》三年〔一八四六〕。国立歴史民俗博物館所蔵）は、サイコロの目が示すマスへと駒を飛ばす飛び双六の一種であり、上段には累やお菊、お岩など、中段にはろくろ首、茶坊主、猫股などが、下段には河童《かっぱ》や船幽霊、姑獲鳥《うぶめ》などが描かれている。

さらに、万延《まんえん》元年（一八六〇）、江戸の延寿堂《えんじゅどう》から発売された「をばけかるた」（国立歴史民俗博物館所蔵）には、「ろくろくび《（首）》」や「へいけがに《（平家蟹）》」、「とうふこそう《（豆腐小僧）》」、「たこ《（蛸）》の入道」「てうちんこそう《（提灯小僧）》」、「やね《（屋根）》の上のゆうれい《（幽霊）》」などとともに、「於いハ《（お岩）》のぼうこん《（亡魂）》」や「いど《（井戸）》からで《（出）》るさらやしき《（皿屋敷）》」（お菊）、「かさね《（累）》」といった札がある。ここでは、これらすべてを「をばけ《（お化け）》」の一種と見なしていることになるだろう。

吸収されたモノノケ

あれほどまでに平安貴族を震撼《しんかん》させたモノノケは、近世になると妖怪、化物、幽霊、お化けの類と明確な区別がなされなくなり、娯楽化させられていく。その上、「物怪」（物気）という語は、『源氏物語』や『栄華物語』といった古代の物語を論じる文脈以外では、古代や中世前期ほどには頻繁に使用される語ではなくなった。モノノケは、妖怪や化物、幽霊に吸収されていったのである。

では、なぜモノノケは吸収されていったのだろうか。第二章で述べたように、モノノケは、中世後期に入り、医療の発達に伴い病気の原因とされる割合が減少していく。それによって、モノノケへの恐怖は、薄れていった。一方、怪異を表す語であった「妖怪」は、中世後期に、化物と重ね合わせて捉えられるようになり、怪異を引き起こす存在そのものとしての意味も付与されていく。さらに、死霊や死者を指す語であった「幽霊」は、怨念を持ち現れ出る恐ろしい死霊としての性質を新たに持たされるようになる。新しく出てきた「妖怪」「幽霊」に、消えかけた古い語「物気」は、「物怪」とされて飲み込まれていったのではないだろうか。

第五章　西洋との出会い

――近代

一、迷信の否定と根強い人気を誇る怪談

淫祠邪教と迷信の撲滅

近代になるとモノノケなどは、文明開化に伴い、明治政府や知識人らからは否定された。一方で、一般大衆の間では娯楽として盛んに語られ続け、俗信としても残った。本章では、まず、明治政府や知識人らによる迷信や幽霊などの否定について述べたのち、モノノケが大衆向けの新聞や文学作品でどのように語られ、俗信として言い伝えられたのかを見ていく。

慶応《けいおう》三年（一八六七）、大政奉還《たいせいほうかん》がなされ、江戸幕府が滅亡した。その後、鳥羽《とば》・伏見《ふしみ》の戦いを経て、江戸城は無血開城されることになった。明治元年（一八六八）に江戸は東京と改められ明治天皇が即位し、翌年三月には天皇の住まいも京都から東京に移された。

さて、江戸幕府滅亡の前後で、陰陽師《おんみょうじ》や憑祈禱《よりきとう》などに対する公の扱いが大きく変わる。近世後期における宮中の正月行事や即位式では、在地の陰陽師が奉仕していた。それによって、朝廷と特別な関係を持っていた彼らには、国名や苗字《みょうじ》、呼名、帯刀が許されていた。ところが、遷都後、陰陽師らは、東京の宮中正月行事から排除されることになった（高木博志『近代天皇制の文化史的研究――天皇就任儀礼・年中行事・文化財』）。その上、明治三年（一八七〇）には、「天社神道《てんしゃしんとう》廃止」の太政官《だじょうかん》布告が発令される。全国の陰陽師を管轄していた土御門《つちみかど》家は諸国の陰陽師を支配することを禁止され、陰陽師は歴史の表舞台から姿を消していく。これは、明治政府の神道国教化政策による神仏分離令や修験道《しゅげんどう》廃止令などの先陣をきるものであった。

さらに、明治政府は、明治六年（一八七三）に梓巫女《あずさみこ》（梓の木でつくった弓に張った弦をたたいて神がかりする巫女）や市子《いちこ》（死霊の言葉を伝える巫女）、狐下《きつねさ》げ（人間にのり移った狐を追い払って狐憑《きつねつき》の病を治す術）、憑祈禱が人民を「眩惑《げんわく》」するものだと見なして禁止し、明治七年には禁厭祈禳《きんようきじょう》による医療の妨げを禁止した。明治政府は、西洋への強烈な憧れのもとに、近代的な技術や風俗習慣、思想を積極的に導入し、文明開化にそぐわない淫祠邪教《いんしじゃきょう》や迷信を撲滅しようとしたのである。憑祈禱の禁止などは、文明開化を推進しようとする明治政府の政策のもとに行われた。また、政府は、近代天皇制を確立していく上で、民衆宗教の管理も目論《もくろ》んだ。ただし、憑祈禱、禁厭祈禳による医療の妨げに関する禁止令が出された後も、黒住教《くろずみきょう》や天理教《てんりきょう》のように、天皇制に服従した場合には、擁護、許容されたのであり、決して徹底して禁止されたわけではなかった（度会好一『明治の精神異説』）。また、大衆の間では、依然として、まじないによる病気治療は盛んであった（南博編『近代庶民生活誌20　病気・衛生』）。

文明開化と妖怪、幽霊

明治八年（一八七五）五月一三日発行の日刊紙『あけぼの』には、文明開化を意識したうえで、「狸の引越し」についての話が掲載されている。『あけぼの』は、文明開化などの政策を国民に周知徹底する目的のもと、木戸孝允《きどたかよし》の出資によって創刊された『新聞雑誌』を前身とする日刊新聞である。記事によると、新潟県管下黒岩村《くろいわむら》（現上越市《じょうえつ》）の加治山の岩穴に住む狸は、近村の百姓が「器物調度」を貸してくれるように求めるといつでも貸してくれたという。ところが、次第に百姓どもは、狸に返さなくなり、その上、狸の方も「妖怪の類ハ開化の世界に居られんものと心得」るようになった。そのせいなのか、狸は引っ越した、とされている。つまり、「妖怪の類」の狸は、時代遅れであり、人間社会の周縁に追いやられた、ということである。

また、落語家三遊亭圓朝の『真景累ヶ淵《しんけいかさねがふち》』（明治二〇年〔一八八七〕から翌年にかけて『やまと新聞』に速記録が連載された）は、次の言葉から始まる。

今日《こんにち》より怪談のお話を申上《もうし》げまするが、怪談ばなしと申すは近来大きに廃《すた》りまして、あまり寄席《せき》で致す者もございません、と申すものは、幽霊というものは無い、全く神経病だということになりましたから、怪談は開化先生方はお嫌いなさる事でございます。

「開化先生方」とは、文明開化を推進しようとする知識人たちを指す。たとえば、啓蒙思想団体の明六社《めいろくしゃ》の機関誌『明六雑誌』には、狐憑きや鬼や霊を見ることなどは「神経病」、「脳病」によるものだとする論説が掲載されていた（川村邦光「近代日本における憑依の系譜とポリティクス」）。文明開化を推進しようとする明治政府や知識人にとっては、怪談は時代にそぐわないものだったのだろう。迷信、俗信、怪談などは、日本の近代化を妨げるとされて否定的に捉えられたのである。

荒唐無稽の談話をなすべからず

迷信や俗信、怪談を否定したのは、明治政府ばかりではない。俳人の正岡子規《まさおかしき》（一八六七

〜一九〇二）も、明治一八年（一八八五）、「妖怪談」と題して次のように述べている。

子を養う者は成《な》るべく子に向って妖怪変化の如き荒唐無稽の談話をなすべからず。何となれば此等《これら》の話を聞きなれし上ハ所謂《いわゆる》先入主となりてその子が成長して後、妖怪なきの理を知るといえども、燐火《りんか》を見て恐怖し暗夜独行して震慄《しんりつ》するが如きこと少なからず。即《すなわ》ち感情は理窟によりて全く支配せられぬが為《ため》なり。

正岡子規は、「妖怪変化」のような荒唐無稽な話を子どもにしてはならない、としている。なぜならば、このような話を聞き慣れると、成長したのちに「妖怪」が存在しないと知っても、様々なことを恐れるようになってしまうからだ、と説明する。成長後も、理屈よりも感情が勝ってしまう弊害が出るようになるという。後述する井上円了《いのうええんりょう》も、子どもへの影響に関して危惧していた。この点に関しては、現代でもしばしば議論されるところである。

エルウィン・ベルツの「狐憑病」の研究

明治政府によって否定された憑依は、医学の分野から研究されるようになった。たとえば、明治九年（一八七六）に東京医学校（現在の東京大学医学部）にお雇い外国人として招かれたドイツ人の医師エルウィン・ベルツ（一八四九〜一九一三）は、明治一八年（一八八五）、「狐《きつね》憑病《つきびょう》」を患う女性を治療し、「狐憑病説」（『官報』四六九・四七〇）を執筆している。ベルツは、「狐憑病」とは「思慮の欠損」による「軽度の精神障害の一種」であると論じ、「愚鈍愚昧なる者」や女性や子どもがこれを患う傾向にある、とした。

ベルツは、悪魔が体内に入って人間を苦しめるという考えや、死後に霊が肉体を離れて別の人間に憑依するという考えは、古くから世界各国にあるとし、このような迷信が被暗示性の強い、とりわけヒステリーの傾向がある女性に憑依妄想を起こさせる、と考えた。医師ベルツは、憑依のメカニズムについて、脳のエネルギー分布の均衡が乱れた時、様々な知覚や精神活動などが障害される、と説いたのであった（安井広「E・ベルツの「憑依とその類似状態について」」）。

ベルツの憑依に関する研究は、その後の精神病研究にも影響を及ぼした。たとえば、東京帝国大学医科大学精神病学教室初代教授の榊《さかき》俶《はじめ》（一八五七〜九七）は、西洋の事例を踏まえたうえで、「狐憑病」の症例報告を行っている。また、ベルツや榊の研究については、明治四四年（一九一一）五月八日の『都新聞《みやこしんぶん》』に、憑依は「一種の精神病であつて其《その》徴候発病並《ならび》に予後等は皆医学的に説明することが出来るとて、ベルツ博士や又故《またもと》の榊教授は其調査の結果を公にして」いる、とある。その上で、『都新聞』には、「一種の地方的精神病」だということは「彼《か》のベルツが調査以来何人《なんぴと》も疑ふものがない」とある。ベルツや榊による研究は、一般にもよく知られたものだったようである。

「お化け博士」井上円了

近代に様々な不可思議な現象を収集し、多くの迷信を否定した代表的な人物の一人に、「お化け博士」や「妖怪博士」の異名を持つ井上円了（一八五八～一九一九）がいる。円了は、迷信や怪奇現象を解明することにより、それに怯える人々の不安や恐怖を拭い去ることができると考えた。

井上円了は、新潟県長岡《ながおか》市の東本願寺《ひがしほんがんじ》系統の寺に生まれた。長岡の洋学校で西洋の知識を吸収し、明治一四年（一八八一）に東京大学文学部哲学科に入学した。その後、心理学の講義などからイギリスの心霊研究会を知り、真の不可思議や神秘を究明しようとして、妖怪研究に着手することになる。円了のいう妖怪とは、幽霊などだけではなく、あらゆる不思議な事柄や神秘な現象を指す。円了は、明治一八年（一八八五）には、不思議研究会を大学内に設けた。会員で西洋史学が専門の箕作元八《みつくりげんぱち》（一八六二～一九一九）は、論文「奇怪不思議の研究」（『東洋学芸雑誌』三―四二、一八八五年）を書き、イギリスの心理研究会の研究を紹介している。

円了は、西洋視察ののち、明治二〇年（一八八七）に哲学館《てつがくかん》（のちの東洋大学）を開設して妖怪学の講義を設けたり、全国で妖怪学に関する講義を行ったりし、明治二六年（一八九三）には『妖怪学講義』を刊行して研究の成果を公にした（竹村牧男『井上円了——その哲学・思想』）。円了の妖怪学は、明治三〇年（一八九七）には文部大臣蜂須賀茂韶《はちすかもちあき》から、民間で迷信が流行し、普通教育進歩の妨げとなることもある中で、「迷信の旧習を減退する一助となる」だろう、と高く評価されている。『妖怪学講義』は、宮内大臣土方久元《ひじかたひさもと》から明治天皇にも奉呈された。

ちなみに、井上円了とは目的を異にして妖怪を研究する学者もいた。民俗学者の柳《やなぎ》田《た》國《くに》男《お》（一八七五〜一九六二）である。柳田は、もはや妖怪（お化け）の有無は問題ではないと主張し、妖怪や幽霊などを研究対象とすることにより、それを信じた人々の思考構造を知ろうとしたのであった。柳田は、民俗学の中での妖怪学の必要性を説き、『遠野物語《とおのものがたり》』（明治四三年〔一九一〇〕）をはじめとする多数の著作を残したことで知られている。

大衆向けに語られる幽霊

怪談や迷信は、明治政府や知識人から否定される中、大衆向けの読み物で語られ続けた。たとえば、民俗学者で妖怪研究者の湯本豪一《ゆもとこういち》（一九五〇〜）は、明治年間に発行された新聞を調べ、『明治期怪異妖怪記事資料集成』（二〇〇九年、国書刊行会）にまとめた。本書に収録された怪異や妖怪に関する記事は、約四四〇〇件に上る。怪異や妖怪は、明治政府の政策とは逆行するものの、相変わらず求められ続けたのであった。

具体的に内容を見てみよう。明治一二年（一八七九）四月一八日の『長野新聞』には、文明開化と幽霊に関する記事がある。「維新以来《このかた》は決してソンナお化《ばけ》などはないものと決心《おもふ》て居た」のに、長野県東筑摩《ひがしちくま》郡坂北村《さかきたむら》の扱所や事務所などにしばしばお化けが出るという。そのお化けの姿は、「年の頃三十許《ばか》りの女幽霊」である。

昔ハ幽霊のことバ《（言葉）》はウラメシヤーと言ッたさうだが、方今《ほうこん》はお化《ばけ》も開化してウレシヤナーといふさうですが、只《ただ》の所へ出るのでさい困るに、一村の事務を管理する所へコンナお化に出られては迷惑するから、新聞屋に祈禱をして呉《くれ》よと、同村の七ッ松とかいふ所に栖《すめ》る某氏より投書が来ましたが、ナンダカ。

文明開化とともにお化けが「ウラメシヤー」ではなく「ウレシヤナー」と言うようになるとは、お化けも文明開化を歓迎しているということだろうか。文明開化の推進により、お化けや幽霊は否定されるようになったにもかかわらず、である。相変わらず、怪談、幽霊といったテーマが、大衆の興味をそそるものだったことが分かる。

西洋の幽霊研究とその影響

文明開化とともに迷信を否定する言説がなされた一方で、西洋でもそのようなものは依然としてあるともされた。たとえば、明治八年（一八七五）三月一三日の『あけぼの』には、次のような記事がある。

世に妖怪《おばけ》や幽霊といふものはなきこととなり、と西洋窮理の説を受け売りにせらるゝ先生さんの御咄《おはな》しなれども、その本店の西洋人の新聞にも随分妖怪はなしのちら〳〵見ゆるはどういふことだろうか。

ここでは、知識人たちの言説の矛盾点が鋭く指摘されている。明治政府や知識人たちは、彼らが合理的であると考える部分を西洋文明の中から都合よく抜き出し取り込もうとしたに過ぎないのである。

日露《にちろ》戦争（明治三七〜三八年〔一九〇四〜〇五〕）後、戦争による大量死を背景に、霊魂の実在や死の問題が人々の興味関心を集めるようになる。夏目漱石《なつめそうせき》（一八六七〜一九一六）の

『琴のそら音《ね》』（明治三八年）には、主人公が、「幽霊と雲助《くもすけ》」は明治維新以来「廃業」したと信じていたのに、知らない間に「再興」されたようであり、心理学者が幽霊を「再興」していると思うと馬鹿にはできなくなる、と困惑する場面がある。雲助とは、荷物運搬や駕籠かきなどの交通労働に携わった住所不定の人足《にんそく》のことである。

この頃は、欧米の幽霊研究の影響を大いに受けた時期である。たとえば、英学者の平井金三《ひらいきんざ》（一八五九〜一九一六）らは、欧米の科学的心霊研究の影響を受けて、幽霊研究会（心霊的現象研究会）を発足させた。平井は、欧米では不思議や奇蹟《きせき》と言われる事柄に関して研究会が出来ていることを根拠に、幽霊がいないなどということはない、と主張したのである（明治四一年〔一九〇八〕六月一日『二六新報』）。研究会の動向については、たびたび新聞で取り上げられており、大衆の関心が強かったのだろうということが分かる（一柳廣孝『怪異の表象空間――メディカル・オカルト・サブカルチャー』）。

西洋の心霊写真なども、新聞に取り上げられて話題となった。文明開化により幽霊などの否定がなされた一方で、西洋における幽霊や霊魂の実在を肯定する研究が紹介され、その影響も大いに受けたのであった。

洋画家の岸田劉生《きしだりゅうせい》（一八九一〜一九二九）は、「ばけものばなし」（『改造』大正一三年〔一九二四〕九月号）で、「人間というものは、何事でも面白い方が好きなもので、ばけもの等も、本当は、無いのだという事になる事はちと興ざめな話なのである」と述べている。幽霊の実在に関する研究も、このような心情のもとに行われたのではないだろうか。

二、古代・中世の遺物——曖昧なものへ

国語辞書の「もののけ」

では、近代にモノノケはどのようなものとして捉えられ、語られたのだろうか。近代のモノノケは、実に曖昧かつ多様なかたちで、刺激を求める大衆の間で語られ続けた。

まず、国語学者の大槻文彦《おおつきふみひこ》（一八四七〜一九二八）が文部省の命によって編纂した国語辞書『言海』《げんかい》（明治二二〜二四年〔一八八九〜九一〕刊行）の「もののけ」の項を見よう。「もの‐の‐け」の漢字表記として「物気」と「物怪」が示されており、語源として「鬼《モノ》祟ノ精神ノ意、怪ハ借字」、続けて語釈として「死霊生霊ノ祟ルコト。又其影ヲ見《あら》ハストイフモノ。邪祟　妖鬼」とされている。大槻の理解では、祟る霊そのものだけではなく、霊が祟ることそれ自体も、「もののけ」であるということになる。

『言海』には、幽霊や妖怪は立項されていないものの、化物やお化けに関しては立項されており、「ばけ‐もの」の語釈には「狐狸ナドノ、化《バ》ケテ怪シキ姿ヲ成セリトイフモノ。妖怪。

変化。妖物」、「お－ばけ」の語釈には「(一) 化物《バケモノ》。変化《ヘンゲ》（婦人ノ語）(二) 寄居蟲《ヤドカリ》ノ一名」とある。このように大槻は、化物の範疇《はんちゅう》に妖怪を含めて捉え、化物とお化けを区別してはいない。ちなみに、ヤドカリは、「御化貝《おばけがい》」の異名を持つので、語釈の (二) に記されている。

このように大槻は、近世に重ね合わせて捉えられていたモノノケと化物（お化け）、さらには、モノノケと妖怪を区別して捉えていたことになる。しかし、後述するように、近代でもモノノケの正体を狸とする事例や、化物、お化けとする事例もある。おそらく大槻は、古代の文献をもとに「もののけ」の項を書いたのだろう。モノノケといえば、『源氏物語』をはじめとする古代の物語に出てくる怨念を持った霊である、とする認識があったからだろうか。

心の病

大衆向けの新聞には、幽霊や妖怪の記事がことさら多く掲載されている。それらと比較すると少ないものの、モノノケの記事も確認することができる。

たとえば、明治三七年（一九〇四）三月二一日の『読売新聞』の「小間使日記」では、前年四月二〇日の出来事として、病を患う姫君と小間使いのやり取りが語られている。姫君は仏の姿が描かれた小さな軸物を見て、小間使いに対して、「物」に取り憑かれているようだからと魔除《まよ》けのお守りとして仏の軸物が送られてきたのだけれども、「物」に取り憑かれるような心当たりはないのだがどう思うかと尋ねた。そこで小間使いは次のように返事をしたという。

物の怪と云《い》ふものハ、皆其《その》心の迷ひなり、病の源《もと》も亦《また》心にあれバ、神仏《かみほとけ》の力を借《か》らんよりハ、我身《わがみ》にて我心を落着《おちつ》ける工夫こそ、有難き神仏より効《しるし》あるなれ、姫君も疾《と》く浮世ハままならぬ理《ことわり》を悟りて、風吹かバ吹け雨降らバ降れ、何時《いつ》かハ晴れて長閑《のどか》なる春の日もあらんと、御気《おき》を長く御保養遊《あそ》ばれなバ、やがて御心の憂《うさ》を忘れ、御病気も癒えぬべし、……

小間使いは、モノノケによる病気を、心の病だと見なしていたことになる。ままならない現実を受け入れてゆっくりと養生すれば、心中の憂《うれ》いも消え去って病気もよくなる、としているのである。小間使いのモノノケに対する捉え方は、古代・中世のそれとは大きく異なる。これは、前述した三遊亭圓朝『真景累ヶ淵』の「幽霊というものは無い、全く神経病だということになりましたから」という一文に通じる。また、医学者の間でも、モノノケによる病は精神病であるとする見解が示されていた（呉秀三・樫田五郎「精神病者私宅監置ノ実況及ビ其統計的観察」『東京医学会雑誌』三二―一〇~一三、大正七年〔一九一八〕)。このような認識は、階層を問わず広くあったのである。

モノノケと幽霊

モノノケと幽霊の関係については、まず、明治四三年(一九一〇)二月二日の『二六新報《にろくしんぽう》』を取り上げる。ここでは、「日本一の臆病者」の小説家、生田葵山《いくたきざん》(一八七六~一九四五)が「物の怪」や「幽霊」に怯える様が面白おかしく紹介されている。

物の怪の話を聞けば、先方がまだ口を開かぬ先より色蒼青《あおざ》め慄《ふる》ひ上《あが》るより、意地悪き友人共《ども》は、春の夜更《よふけ》て落花の雨淋《さび》しき夕《ゆうべ》、秋の長夜炉辺《ろへん》の団欒《まどい》などに、態《わざ》と幽霊物語など仕出すに、葵山先生立窄《たちすく》みて帰途《かえり》の怖ろしけれど、大勢にて冷評《ひやか》さるゝ辛《つら》さに負惜《まけおし》みの空元気《からげんき》を出しては、残月枯柳《ざんげつこりゅう》の影に胆《きも》を冷《ひや》すを幾回《いくかい》なるを知らず。

「葵山先生」は、「物の怪」や「幽霊」の話に怯えつつも、周りの者に笑われまいと耐え忍んでいる様子である。もはや、「物の怪」や「幽霊」は、大の大人が肝を冷やすようなものではなくなっていたにもかかわらず、「葵山先生」が心底から恐れおののくので、周囲はそれを面白がったのである。ここでは、「物の怪の話」と「幽霊物語」が併記されているので、「物の怪」は幽霊と同義なのだろう。

ただし、モノノケと幽霊を区別して捉える見方もあった。たとえば、岸田劉生は、前述した「ばけものばなし」で、「人間の化けたもの」である幽霊は存在しないとする一方で、「主観上の事実」である「鬼気」は否定できないとする。「鬼気」とは、つまり「もののけ」（物の気、物の怪）であり、幽霊よりも「客観性に富んだ存在」であるとしている。また、国枝《くにえだ》史郎《しろう》（一八八七～一九四三）の『南蛮秘話森右近丸《なんばんひわもりうこんまる》』（『少女倶楽部《くらぶ》』昭和二年（一九二七）四月～一〇月）でも、風船売りの少年によって飛ばされた怪しげな風船について、「妖怪《もののけ》のようにも思われるし、肉体から脱《ぬ》け出た魂のようでもある」とあり、「妖怪」に「もののけ」とルビを振り、霊魂とは区別している。このように、モノノケと幽霊は、ほぼ同一のものとも、異なるものとも捉えられている。モノノケのイメージが広がりを持つ一方、幽霊はそれと重なりつつも比較的固定化したイメージで捉えられていたためである。

「物の怪」を恐れつつ楽しむ様は、種々の史料に出てくる。正岡子規に師事した俳人山口花笠《やまぐちかりゅう》（一八七八～一九四四）は、昭和二年（一九二七）、怪談「物の怪の一夜」という話を俳句雑誌『木太刀《きだち》』に発表している。死者が出た家に、夜中になると火の玉が出るという噂があり見に行ったところ、火の玉の正体は噂を確認するために出向いた人間が持っていた提灯の火だったという、なんともガックリするオチが付いた話となっている。刺激を求める物好きたちが、「物の怪」を怖いもの見たさで楽しもうとする様が語られている。

正体は恋慕する古狸

大衆向けの新聞では、少々滑稽なモノノケについても語られている。たとえば、大正一五年(一九二六)二月四日の『大分新聞』には「不思議な声の物の怪に惚《ほ》れられた日田《ひた》美人」という題の怪談が載っている。それによると、大分県日田郡に、一九歳になるオカンさんという綺麗《きれい》な娘が住んでいた。夜遅くになると、表戸を慌ただしく叩いて「オカンさん、オカンさん」と呼ぶ声がするものの、戸を開けてみると誰もいない。その後もそれは続き、オカンさんが寝ている床の下を押し上げたり、表戸に怪しい爪跡がついたりしていた。結局、「千年以上を経て天通力に達した古狸が娘に恋慕してのいたづらだらうとうは(噂)さしてゐる」と結論づけられている。恋慕する古狸が「物の怪」の正体だとは、なんとも心和《なご》む怪談である。

死霊としてのモノノケ

近代になっても、死霊としてのモノノケはなくなりはしない。たとえば、夏目漱石の新体詩『鬼哭寺《きこくじ》の一夜』（明治三七年〔一九〇四〕頃）を挙げよう。「われ」が旅の途中、古びた伽《が》藍《らん》で夜を明かしたときの詩の一部を以下に記す。

立つは女か有耶無耶《うやむや》の
白きを透かす軽羅《うすもの》に
空《むな》しく眉の緑りなる
仏と見しは女にて、
女と見しは物の化か
細き咽喉《のんど》に呪ひけん
世を隔てたる声立てゝ
われに語るは歌か詩か

「われ」の枕辺に近寄ってきた「物の化」と考えられる「女」は、二〇年ほど前に亡くなったという設定になっている。こののち、「物の化」は、「われ」に、もの悲しく愛と恨みの歌（詩）を投げかけ、「塚も動けと泣くを聴け」と求める。なんとも恐ろしくも悲哀な雰囲気が漂っている。ただし、この「物の化」は、『源氏物語』の六条御息所の霊のようには他人の命を脅かしたりしない。「物の怪」ではなく「物の化」という表記も、怪異を起こすよりも化けて出て来る性質を持つことを示している。

また、昭和二年（一九二七）五月六日の『福岡日日新聞』には、「知事官邸に物の怪の噂」という記事がある。慶長一六年（一六一一）、豊前《ぶぜん》の藩主黒田長政《くろだながまさ》によって、讒言《ざんげん》の嫌疑をかけられた空誉上人《くうよしょうにん》は、背を十字に切られ熱い鉛をかけられて惨殺された。上人が惨殺された場所は、後に、知事官邸の庭園となった。その後、鉛で焼けて黒ずんだ「亡霊」が、知事官舎に住む知事とその妻の枕辺に夜毎《よごと》立つようになったという。そこで、上人の冥福を祈るため、問題の場所に立派な祠《ほこら》を立てて供養した。記事の最後は「この亡霊は此《こ》のお祭りが利《き》いたかピッタリと出ぬやうになつたとか」という一文で締められている。

古代のモノノケは、生前憎んだ相手やその関係者に害をなし恨みを晴らす性質があった。ところが『福岡日日新聞』の空誉上人は、黒田家の血筋に祟るのではなく、気味の悪い黒焦げの姿でそこに住む者を恐れさせるものの、それ以上の害を与えようとはしない。無言で供養を求めようとする、いわゆる地縛霊《じばくれい》だと言える。近代でも死霊のモノノケは語られるものの、古代とは性質がかなり異なる。

鏑木清方が描いた美女のモノノケ

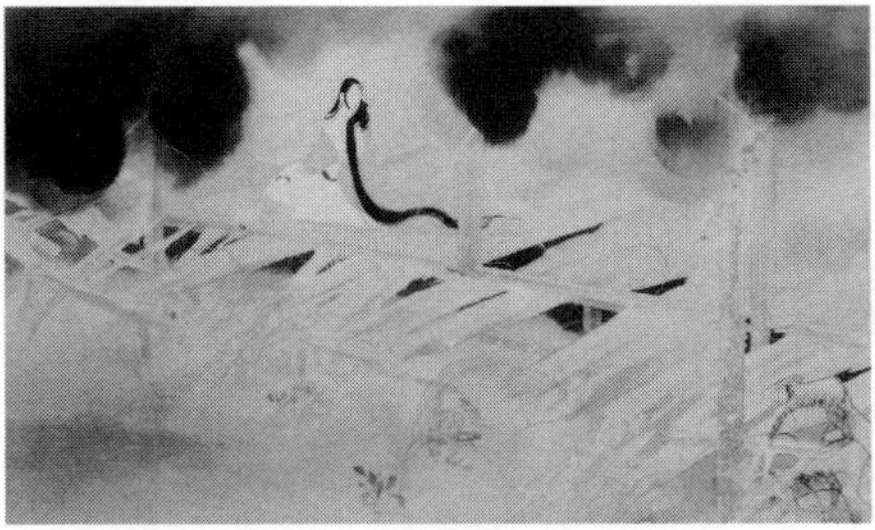

鏑木清方の「もののけ」（霊友会妙一記念館所蔵）

モノノケが美しい女性の姿で描かれた事例もある。美人画家として知られる鏑木清方《かぶらききよかた》（一八七八～一九七二）は、『雨月物語』「蛇性《じゃせい》の婬《いん》」の八つの場面を描き、その中の一つに「もののけ」という題をつけている。第四章で述べたように、「蛇性の婬」では、豊雄《とよお》が県《あがた》の真《ま》女児《なご》の家を再び訪ねたところ、その家は荒れ果てたあばら屋であったことが語られている。鏑木の「もののけ」は、まさにその場面を描いたものなのだろう。「もののけ」には、美女の真女児と朽ちたあばら屋が描かれている。

美人画を得意とする鏑木清方は、「もののけ」で、実に妖艶な女性を描いている。第一章で述べた『白描絵料紙墨書《はくびょうえりょうしぼくしょ》金光明経《こんこうみょうきょう》』（『目無経《めなしきょう》』）のモノノケとは似ても似つかない姿である。繰り返しになるが、近世には、幽霊とモノノケの区別は曖昧となっていた。鏑木の「もののけ」は、美麗な幽霊画をイメージして描かれたのだろう。美人画を得意とする鏑木は、真名児を描いた絵に題をつけるにあたり、「もののけ」を選択した。『雨月物語』の中で、真名児は、「もののけ」の他、「妖怪」や「鬼」、「蠱物《まじもの》」とも表現されている。

鏑木は、モノノケが美女の姿をすることに違和感を持たなかったからこそ、このような題をつけたのだろう。

泉鏡花の語るモノノケ

「おばけずき」を自認し怪異に関わる小説も多く書いた泉 鏡花《いずみきょうか》（一八七三～一九三九）の作品にも、モノノケは出てくる。たとえば、明治四一年（一九〇八）、泉鏡花は、『稲生物怪録』に深い関心を寄せ、『草迷宮《くさめいきゅう》』を刊行した。『草迷宮』で語られる秋谷邸《あきややしき》の怪異は、『稲生物怪録』をもとにしている。『稲生物怪録』は、近代の読者の興味も大いにそそり続け、大衆向けの新聞でも取り上げられた。たとえば、明治四〇年（一九〇七）八月の『読売新聞』朝刊では、「珍怪百種」として、『稲生物怪録』の怪異が絵とともに連載で紹介されている。『稲生物怪録』は、モノノケの多彩さや奇抜さで群を抜きん出る作品だからか、触発されて生み出された作品は現代に至るまで数多くある（東雅夫編『稲生モノノケ大全――陰之巻』、同編『稲生モノノケ大全――陽之巻』）。

泉鏡花の小説『木の子説法《きのこせっぽう》』（昭和五年〔一九三〇〕）には、化物と重ね合わされたモノノケが出てくる。『木の子説法』では、言葉には気を付けなくてはいけない事例として、昔話が引き合いに出されている。それによると、生まれてから口を開くと「椿《つばき》ばけ――ばたり。」

とだけ言う子どもがいたという。その後、お城に「もののけ」が出て国の守が「可恐《おそろし》い変化《へんげ》に悩まされた時」、弓が上手だったので自ら進んで奥の庭の大椿に向かって矢を番《つが》え、「椿ばけ——ばたり。」と言って放ったところ、枝も葉もぐったりとし、ばたり。大椿は、その言葉通りに倒れ、「国のやみが明《あか》るくなった」という話である。「もののけ」の正体は、大椿、つまりは「椿ばけ」だったことになる。「椿ばけ」は「椿のお化け」という意味だろう。

俗信の中で

大衆向けの新聞や文学作品の中で多様に語られたモノノケは、俗信の中でも語られた。たとえば、石川県鹿島《かしま》郡の『鹿島郡誌』一七「俗信＝いひならはし」（昭和三年〔一九二八〕）には、次のようにある。

物の怪に襲はれしとおぼしき時蠟燭《ろうそく》を点じ油のしみたる女の櫛に透《すか》し見れば物の怪の正体を認め得《うる》。

このように、鹿島郡では、人間を襲うモノノケの正体を明らかにすれば解決につながる、と伝えられていた。大衆向けの新聞や文学作品からは、モノノケが娯楽として受け入れられていたことが分かる一方、モノノケは俗信でいまだ人間に害を及ぼすものとして言い伝えられていた。

とりわけ地方には俗信が多くあったのであろう。豊島与志雄《とよしまよしお》『憑きもの』(『改造文芸』四、昭和二四年〔一九四九〕)にも、「田舎にはもっと不可思議なことが多々ある。狐つきは固《もと》より、物の怪の祟りのこと、死霊や生霊のことなど、不可思議さには奥行きが知れない」とある。知識人によって存在を否定されても、大衆の間、特に地方ではモノノケへの恐れは残存していたのだろう。

古めかしいイメージへ

近代では、近世に引き続き、古代・中世を舞台にした話に出てくる霊や化物をモノノケとして描く例を多く見出せる。前述した、『福岡日日新聞』の空誉上人、『木の子説法』の「椿ばけ」は、いずれも古い時代の話として語られている。また、『大分新聞』の古狸は、「千年以上を経て天通力に達した古狸」であり、古代を意識して書かれたことが明らかである。後述する夏目漱石『薤露行《かいろこう》』も、アーサー王伝説をもとに創作されているので、古い時代を舞台にした話ということになる。

これらの他にも、長谷川時雨《はせがわしぐれ》（一八七九〜一九四一）の『名婦伝《めいふでん》』「伊賀《いが》の局《つぼね》」（大正八年〔一九一九〕）は、南朝関係の説話を収録した中世後期の説話集『吉野拾遺《よしのしゅうい》』をもとに書かれており、後醍醐天皇の寵妃阿野簾子《あのれんし》に仕えた伊賀局に関する話が含められている。そこでは「物の怪」という章題を持つ箇所がある。一方、『吉野拾遺』では「物の怪」の語は用いられておらず、章題は「伊賀の局化物に逢《あ》ふ事」となっている。つまり、長谷川時雨は、中世の「化物」を語るにあたって、「物の怪」とするのがふさわしいと考えたのだろう。

また、田山花袋《たやまかたい》（一八七一〜一九三〇）によって古代の『蜻蛉日記《かげろうにっき》』をもとに著された小説『道綱の母《みちつな》』（昭和二年〔一九二七〕）には、「物の怪」に襲われる不安に関する描写があり、中世後期を舞台とした国枝史郎『あさひの鎧《よろい》』（『時事新報』昭和九〜一〇年〔一九三四〜三五〕）でも、「物の怪じみた異様な姿」をした巫女と山伏が出てくる。

昭和一二年（一九三七）一〇月七日の『東京朝日新聞』の「燈火雑考」には、歴史の中の燈火について論じるなかで、古代の燈火が貧弱なものであったことを述べた上で、「平安時代の「物怪《もののけ》」といふやうな考へも、一つはさういふ暗黒《くらやみ》から生れて来たものとも言へるだらう」とする一文があり、正宗白鳥《まさむねはくちょう》『軽井沢《かるいざわ》にて』（昭和八年〔一九三三〕）には、不可思議な音の正体について「何かにつけ「物の怪」の振舞いを信じていたゲンジの時代の人々はそう思ったであろうが、我々は、たやすくそうは信じられなかった」とある。つまり、モノノケといえば、『源氏物語』をはじめとする古代の文学作品が想起されたのである。モノノケは古代・中世の遺物と見なされ、幽霊や妖怪に吸収されつつ、滑稽かつ和やかな面も持たされていたのである。

三、西洋文化受容の影響

棲家としての厳しい自然

西洋文化の受容にともない、モノノケは新たな姿で捉えられるようになる。登山家でのちに日本山岳会（一九〇五年成立）の会長を務めた木暮理太郎《こぐれりたろう》（一八七三〜一九四四）の「小黒部谷《こくろべたに》の入り・下」（『山岳』一一、大正五年〔一九一六〕）には、小黒部谷を厳寒のなか歩いたことが記されている。雄大かつ厳しい自然の中、雪田を下ると、深さ一丈（約三メートル）余りもあると思われる池があり大きな渦を巻きながら雪の下で気味の悪い音を立てており、さらに歩みを進めると、残雪に埋もれ「生命の閃《ひらめ》きを見せない」「枝の裂けた岳樺《だけかんば》」などが見えた。この付近に野営して劒岳《つるぎだけ》に登ろうとしていたものの、「冷い物の怪に充ちた原中に野営すること」はできなかった、とされている。この「物の怪」は、人間が容易に足を踏み入れられない、厳しい自然の中に棲《す》み、人間との共生が難しいものだと考えて良いだろう。

一九世紀末には、従来までの、信仰のための登山や集団登山とは異なる登山が行われるようになった。探検心や冒険心に基づくスポーツの要素を含む西洋の登山思想が日本に紹介されたためである。文明開化期に招かれたお雇い外国人の科学者や外交官などによって、富士山をはじめ日本の多くの山々の登山が行われ、近代的登山の魅力が伝えられるようになったのである。そもそも西洋では、一八世紀末まで、山岳は悪魔や龍、魔女の棲家《すみか》だと考えられていた（小泉武栄『登山の誕生——人はなぜ山に登るようになったのか』）。木暮理太郎は、東京帝国大学文学部を中退した経歴を持ち、山の伝説や歴史などに関心を持っており、地名や山の名の考証も行ったほどの人物である。つまり、「原中」に充ちた「物の怪」に関するくだりは、西洋の山岳に関する思想の影響を受けている可能性がある。そうであるのならば、モノノケは、西洋の悪魔と重ね合わせて捉えられたことになるだろう。

終章で取り上げる、水木しげる『鬼太郎夜話《きたろうやわ》』のモノノケは孤島の森にひっそりと棲む妖怪であり、大ヒット映画『もののけ姫』のモノノケは森に棲む荒ぶる神々であった。つまり、森の中に棲むモノノケの原型は、近代にはあったということになる。モノノケの実在が否定されるとともに、その棲家は人間の生活空間から隔絶した場へと移されて語られるようになったのかもしれない。

西洋文化とモノノケ

「物の怪」という語は、西洋文献の翻訳をする際にも用いられた。たとえば、アメリカの作家ワシントン・アーヴィング（一七八三～一八五九）の短編小説『クリスマス・イーヴ』(Christmas EVE) は、高垣松雄《たかがきまつお》によって、昭和一〇年（一九三五）に翻訳されている。その冒頭にあるエピグラフには、イギリスの詩人ウィリアム・カートライト（一六一一～四三）の作品の一部が引用されている。『クリスマス・イーヴ』の原文と高垣松雄による翻訳は次の通りである。

Saint Francis and Saint Benedight
Blesse this house from wicked wight;
From the night-mare and the goblin,
That is hight good fellow Robin;
Keep it from all evil spirits,
Fairies, weezels, rats, and ferrets:
From curfew time
To the next prime.

聖フランシス様、聖ベネディクト様、
この家を悪しき者共からお守り下さい。
夢魔と、あのロビン殿と呼ばれる
物の怪からお守り下さい。
悪霊共が襲ひ入りませぬやぅ、
妖精や鼬鼠《いたち》、鼠《ねずみ》、狸などの入りませぬやぅ、
夕の鐘の鳴る時から
翌朝までお守り下さい。

CARTWRIGHT カートライト

高垣は、「goblin」を「物の怪」と訳している。「goblin」とは、小鬼や悪鬼を指す語である。西洋の「goblin」を訳すにあたり、「物の怪」という語がふさわしいと考えたのだろう。ここからは、西洋文化の受容による「物の怪」のイメージの広がりを確認できる。

高垣松雄訳『クリスマス・イーヴ』の他、外国文献をもとに書かれた作品にも「物の怪」という語が用いられている。たとえば、夏目漱石『薤《かい》露《ろ》行《こう》』（明治三八年〔一九〇五〕）は、イギリスの詩人アルフレッド・テニスン（一八〇九〜九二）の『王の牧歌』を介してアーサー王伝説を書きなおした短編であり、古城に住む乙女エレーンが騎士ランスロットに恋をし、「魂消《たまぎ》える物の怪の話におののきて、眠らぬ耳に鶏の声をうれしと起き出《い》でた事もある」苦しみとは異なる悩みを抱えた、とされている。具体的にいかなるものを「物の怪」として漱石が想像したのかは不明であるものの、驚くような「物の怪」の話に戦慄して夜を明かしたとされているのだから、人間に恐怖を与える存在を「物の怪」としていることになる。

西洋を舞台にした小説でも、モノノケは語られる。たとえば、小栗《おぐり》虫《むし》太郎《たろう》（一九〇一〜四六）の『潜航艇「鷹の城」』（『新青年』昭和一〇年〔一九三五〕四月号〜五月号、原題は「鉄仮面の舌」）には、「まったく他《はた》の眼から見たら、滑稽なほどの子供っぽさ、いたずらに神話の中を経めぐったり、或《あるい》は形相凄《すさま》じい、迷信の物の怪《け》に怯えたりなどして」という一文がある。

それに先だって、モノノケという語は、小栗虫太郎の大作『黒死館殺人事件《こくしかんさつじんじけん》』（『新青年』昭和九年〔一九三四〕四月号〜一二月号）の第三篇「黒死館精神病理学」には、「ペンクライク（十四世紀英蘭《イングランド》の言語学者）が編纂した『ツルバール史詩集成』に「ゲルベルト」（ジェルベール〔九四〇頃〜一〇〇三〕。フランス出身の学僧で、自由思想家、教育者。スペインで科学や技術を学び、西欧に水オルガンを伝えた。ゲルベルトはドイツ語読み）に関する「妖異譚」があるとされ、その一部が次のように抜粋されている。

ゲルベルト畢宿七星《アルデバラン》を仰ぎ眺めて
平琴《ダルシメル》を弾ず。
はじめ低絃を弾きてのち黙す
しかるにその寸後《しばしのち》
側《かたわら》の月琴《タムブル》は人なきに鳴り
ものの怪《け》の声の如く、高き絃琴《ね》にて応《こた》う
されば
傍人《かたわらのひと》、耳を覆いて遁《のが》れ去りしとぞ

「ものの怪の声の如く、高き絃琴」とは、異様なほどに気味の悪い高音なのだろう。このように小栗も、西洋的な世界を語る時に、妖怪や幽霊ではなく、「物の怪」「ものの怪」という語を用いている。

近世に引き続き、近代でも、モノノケに関する話より、幽霊や化物、妖怪に関する話がはるかに多い。また、前述したように、近代のモノノケの性質は、実に曖昧かつ多様である。モノノケという語は、古めかしいと考えられたからか、幽霊や妖怪ほどにはイメージが定まっておらず、本来持っていた姿を幽霊や妖怪に浸蝕《しんしょく》され、新たな性質を付与されやすかった。それもあって、西洋文化の受容にともない、山中に棲むイメージで捉えられたり、西洋の「goblin」と一体化させられたり、西洋を舞台とする話にも登場したりするなど、多様な場面で使われたのだろう。

ちなみに、日本古代の霊魂に関する研究も、西洋文化の影響を大いに受けた。たとえば、国文学者・民俗学者の折口信夫《おりくちしのぶ》（一八八七〜一九五三）は、人間に災いをもたらす低級な神を「デモン」あるいは「スピリット」として捉えた。「たま」や「かみ」「もの」といった古代の霊魂信仰を整理した折口の所説に従うと、「デモン」や「スピリット」は「もの」に相当することになる。つまりは、モノノケの「もの」である（保坂達雄「折口名彙の生成」『神と巫女の古代伝承論』)。学問の世界でも、モノノケは西洋文化と無縁ではなかったのである。

終　章　モノノケ像の転換

——現代

殺人の暗示

近代に多様化し曖昧になったモノノケのイメージは、戦後、さらにその輪郭が曖昧になる。モノノケは文学作品のほか、漫画、映画、さらにはゲームにも好んで題材にとられる。終章では戦後以降のモノノケのイメージがどのように変化してきたかを概観する。

昭和一六年（一九四一）に火ぶたが切られたアジア・太平洋戦争は、昭和二〇年（一九四五）八月のポツダム宣言受諾により終わった。戦中は、怪談物も探偵小説も流行《はや》らなかった。終戦後は、それらを自由に書けるようになり、たとえば、横溝正史《よこみぞせいし》（一九〇二〜八一）らが脚光を浴びるようになった。

その横溝正史の代表作品『犬神家《いぬがみけ》の一族』（昭和二五年〔一九五〇〕一月から翌年五月まで講談社の看板雑誌『キング』に連載）には、モノノケについて書かれたくだりがある。その概要は次の通りである。

信州財界の巨頭と言われた犬神佐兵衛《さへえ》の死後、その遺言状が公開された。その遺言状をめぐり、殺人が繰り広げられていく。中でも、佐兵衛の次女の息子佐武《すけたけ》は、探偵金田一耕助《きんだいちこうすけ》が「蛙《かえる》を踏みつぶしたような声をあげて、思わずうしろにとびの」くほどに、おぞましい殺され方をされた。

犬神家本邸の庭には、歌舞伎の〈菊畑《きくばたけ》〉の一場面が菊人形で見事に造られていた。その菊人形の顔は、犬神家の人々の似顔であった。その場に連れられた金田一の目には、敵役《かたきやく》の笠原淡海《かさはらたんかい》が「舞台の奥の、ほのぐらいところに、物の怪のように立っている」のが見えたという。ところが、よく見てみると、笠原淡海だと思ったのは、なんと佐武の生首だったのである。金田一の目の前で、淡海の首、つまり佐武の生首は、「うなずくように、二、三度ふらふらと動いたと思うと、やがて、胴をはなれてころころと」転がったのであった。

横溝正史は、「物の怪」という語を、死霊、もしくは幽霊、といった意味で用いている。菊で鮮やかに形作られた笠原淡海の人形は、いつの間にか犯人によってその頭部を佐武の生首にすり替えられ、他の人形とは異なる、実に気味の悪い雰囲気を醸し出していたのである。この場面では、「物の怪」という語が、惨劇が起きたことを暗示する上で、効果的に用いられていると言えよう。

曖昧なモノノケ

山田風太郎《やまだふうたろう》（一九二二～二〇〇一）の『眼中の悪魔』（『別冊宝石』昭和二三年〔一九四八〕一月号）にも、モノノケという語が使われる。仲睦《なかむつ》まじい片倉家の夫婦に、子どもの夭逝《ようせい》から間もなく「もののけのように暗い影が」忍び寄って来た、と語られている。結局、妻の不貞を疑った夫が妻を刺殺し、夫自身も壁に頭を打ち付け脳震盪《のうしんとう》により死去することになる。この「もののけ」は、霊や妖怪ではなく、不運、悪運といった類の、漠然とした意味を持つ。

漠然としたモノノケの事例は、坂口安吾《さかぐちあんご》（一九〇六～五五）の『明治開化　安吾捕物帖《とりものちょう》』の一編「魔教の怪」（『小説新潮』昭和二五年〔一九五〇〕一二月号）にも確認できる。「邪教」であるカケコミ教では、血を愛する魔神の怒りをやわらげるために生け贄《にえ》を捧《ささ》げる行事であるヤミヨセを行う。ヤミヨセでは、魔神の荒ぶる姿であるとされる快天王が、「あるときはモノノケの発する声の如く怖《おそろ》しく、あるときは悲しめる美女の如く哀切に、あるときは母を恋うる幼児の如く物悲しく、千差万別、泣くが如くむせぶが如しと思えば海山を裂くが如くにすさまじく」、どこから、いかにして発するのか分からないものの、明瞭な声を発する、とされている。

「モノノケの発する声」とは、聴いた人間を戦慄させる実に気味の悪い声なのだろう。この「モノノケ」は、もはや個々人の死霊ではなく、人間などには見ることも知ることもできない、人知を超えたものなのかもしれない。坂口安吾は、「モノノケの発する声の如く」という表現を、得体の知れない恐ろしさを強調するために使っている。

モノノケは、石原慎太郎《いしはらしんたろう》『悪い夢』（『小説新潮』昭和三一年〔一九五六〕六月号）にも登場する。概要は次のとおりである。

二十代半ば前の学生である主人公洋介は、東京世田谷《せたがや》に家族とともに引っ越しをした。すると、夜に「物の怪」が出るようになり、「物の怪」が出た次の日は、良くも悪くも、何事かが起きることに気が付く。ある夜、洋介は、得体の知れない重みで目を覚まし、眼の前にふと現れた顔を殴りつけた。すると、「手首から腕へ、薄い、極く薄い布のような得体の知れぬ感触が抜けるように走」った。洋介の眼の前には、「普通の倍近い、血を流し口を開いた青白い見知らぬ男の顔」があったという。翌日の夜、洋介は「葉《よう》」という怪しげな男に会うために人気《ひとけ》のない道を歩いていた。ところが、その途次、何者かに襲われて殺されてしまった。

結局、洋介が何者によって殺されたのかは明記されておらず、例の「物の怪」が関わることを匂わせるにとどまっている。作品中の洋介は、かつて惨殺された男の霊を「物の怪」と捉え、時には、「化物」とも呼んでいた。この「物の怪」、あるいは「化物」が洋介の思い込みなのか、そうではないのかは、分からない。洋介が飛び込んで行った危《あやう》げな世界が、超自然的存在の「物の怪」、「化物」と重ね合わせて語られている。

峠で襲い掛かるモノノケ

興味深いことに、戦後のモノノケには、人里離れた自然に棲むとされるものが多い。これらは、第五章で述べた山岳のモノノケに通じるものだと言える。

たとえば、山本周五郎《やまもとしゅうごろう》（一九〇三〜六七）の『もののけ』（『オール讀物』昭和三四年〔一九五九〕一〇月号）は、土蜘蛛《つちぐも》の話をヒントに、因幡国《いなばのくに》の峠の頂上に出る「もののけ」を検非違使《けびいし》一行が退治しようとする、古代を舞台とした話である。土蜘蛛の話には、『土蜘蛛草紙《つちぐもぞうし》絵巻《えまき》』（東京国立博物館所蔵、一四世紀制作）や謡曲の〈土蜘蛛〉などがある。『土蜘蛛草紙絵巻』は、源頼光《よりみつ》が家来の渡辺綱《わたなべのつな》を従えて京の神楽岡《かぐらおか》で巨大な土蜘蛛（山蜘蛛）を退治する話となっている。山本周五郎『もののけ』は、部下三人をモノノケに殺された判官《ほうがん》「矢筈《やはず》ノ景友《かげとも》」がモノノケを矢と太刀《たち》で退治したところ、その正体は、一匹の蜘蛛であったという話である。

景友は、姫の姿をしたモノノケを目にした時、次のように思った、とされている。

「聞くところによると、妖怪変化は、めざす相手にしか姿は見えぬという、脇の者には決して姿は見えないというが、それではあの娘は人間か、いやいやそんな筈《はず》はない、この峠にもののけの出ることは都までも聞えているし、たとえ噂を聞かぬにしても、どこその姫君ともみえるあのような乙女が、こんなところへ独りで来る道理はない、あれはもののけに相違ないぞ」

『もののけ』では、「妖怪変化」と「もののけ」の区別がなされている。「妖怪変化」が狙いを定めた相手にのみ見えるのに対して、「もののけ」は誰にでも見えるという。ただし、これは、必ずしもこの時代の一般認識ではない。というのは、『もののけ』の二年後に発表された水木しげる『墓場鬼太郎』に登場するモノノケは、妖怪の一種だからである。

『もののけ』で語られた「もののけ」は、人を殺す際、苦痛ではなく快楽を与える、とされている。『もののけ』が発表された昭和三四年（一九五九）は、高度経済成長の前半に当たる。飛躍的に経済が成長し豊かになりつつある中、戦中のようには日常的に死に怯えることもなくなっていく。そのような時代だからこそ、人生の充実や快楽がより希求されるようになったのだろう。『もののけ』には、その時代性が強く反映されているように思えてならない。

妖怪の一種として

高度経済成長期になり、妖怪を楽しむ余裕が出たこともあり、妖怪が流行するようになる。その火付け役は、水木しげる（一九二二〜二〇一五）であった。代表作「鬼太郎」は、昭和二九年（一九五四）に紙芝居作品『墓場鬼太郎』によって誕生し、漫画版『ゲゲゲの鬼太郎』のルーツとなる『幽霊一家　墓場鬼太郎』（昭和三五年〔一九六〇〕に貸本専門誌『好奇伝』に掲載）、さらには兎月《とげつ》書房から怪奇専門誌『墓場鬼太郎』が創刊され、水木の鬼太郎も『墓場鬼太郎』シリーズとして連載された。その後、兎月書房版『墓場鬼太郎』シリーズの続編にあたる『鬼太郎夜話』が三洋社から出される（平林重雄『水木しげると鬼太郎変遷史』）。

さて、その『鬼太郎夜話』の「地獄の散歩道」と「水神様《みずがみさま》が町へやってきた」には、妖怪の「物の怪」が登場する。まず、「地獄の散歩道」には、ねずみ男が、自分で作り出した吸《きゅう》血木《けつき》を植えるために、鬼太郎から奪い取った金を使って、大きな百姓家を買った場面がある。多摩川《たまがわ》の上流にある小さな島「蛇《へび》ケ島《しま》」のこんもりとした森の中にあるこの百姓家は、明治三〇年以来売りに出されていたものの、誰も買い手がつかなかったという、いわくつきの物件であった。以下に概要を記す。

ねずみ男が購入した百姓家は、屋根に花が咲き「怪奇趣味がじゅうまん」した家であった。ねずみ男はすっかり気に入り、早速、吸血木を植え付け、血を柄杓《ひしゃく》でかけて吸わせたので

物《もの》の怪《け》だ
なにい
ちょっとまて

水木しげるの物の怪、（上）「地獄の散歩道」、（下）「水神様が町へやってきた」より　©水木プロ

あった。ところが、良い物件を買ったと思いきや、夜中に「ザクザクザク」という不審な音が聞こえ、庭の洗濯紐《ひも》には「ゾーッ」とするほど汚いフンドシが干してあるのを発見した。なんと、この家には、「物の怪」という妖怪が住んでいたのである。「物の怪」は、「俺の名は「物の怪」だ」と名乗り、次のように悲しげに打ち明ける。

昔はなあ人間を暗い夜道なんかでおどかして……、おそなえものを頂くのが我々の商売だったんだが。このごろの人間は少しもおどろかなくなって、こちらの方がこわい位だ。商売は上《あが》ったりだ。科学が進むにつれてお化けの信用もガタ落ちしたものなあ…。人間の方じゃ所得バイゾウとかで、景気がいいようだが、おいら毎日玉ねぎばかり食ってんだ。

この話を聞いたねずみ男が「生活保護法なんかの適用は受けられないものかね」と尋ねると、「物の怪」は「だめだ、人権がねえんだ」と涙をふきながら答え、「このままじゃ我々も絶滅するのも遠くないだろう」と悲し気に目を伏せたのであった。ねずみ男は、「全く人間達は理解がないからなあ」と同情するものの、先ほどから「ザクザクザク」と音を立てて「物の怪」が切っているものが、育てようとしていた吸血木だと知って卒倒してしまう。

切ってしまった吸血木を植えなおし、吸血木を育てると金と名声が手に入るという説明をねずみ男から聞き、吸血木にやる血を確保するために、ボウフラから蚊を育て、採血をしたら戻ってくるように「軍事訓練」を施した。蚊の大群によって血を与えられた吸血木はみるみるうちに大きくなる。

そうしたところ、鬼太郎が、「物の怪」のもとに借金取りに訪れる。「物の怪」は、大正九年に金貸しを営む「森協真茶光《もりきょうまちゃみつ》」から千円を借りたまま返しておらず、長い年月の間に利子が嵩《かさ》んで、なんと一千万円もの借金をこしらえてしまっていたのであった。鬼太郎は、森協から、金を取り返して来れば一割の分け前をやると言われ、取り立てに来たのである。「物の怪」は、借金取りに来た鬼太郎に、一文もないと言い、森協から同じく千円の借金をしていた妖怪の「水神」の居場所を教えることによって見逃してもらったのであった。

さすが水木しげるの漫画だけあって、「物の怪」も非常に魅力的なキャラクターとなっている。「物の怪」の姿は、なんとも情けない。禿《は》げ頭に垂れ下がったロヒゲが二本チョロリと生えており、憎めないオジサン顔をしている。

ここでは、「物の怪」は、妖怪の名前の一つであり絶滅が危惧されている。ただし、『鬼太郎夜話』では、歴史のある妖怪として語られる。「物の怪」が鬼太郎を「水神様」のもとへ連れて行く道中では、すでに千年も生きており「日本の主《ぬし》みたいなものだ」と鬼太郎に明かし、自身の過去を大いに気どりながら次のように回顧する。

いいかい、ふじわらのかまたりいい公存命《こうぞんめい》のころは神《かみ》としてまつられたこともある。すぎ去りしいにしえがなつかしい。我ときてあそべや親のない雀《すずめ》か……

「物の怪」は、このセリフを感傷的に吐いたのち、鬼太郎から「早く案内しろよ」と小石を頭にぶつけられ、タンコブをこしらえる。「我ときてあそべや親のない雀《すずめ》」は、小林一茶《こばやしいっさ》（一七六三〜一八二七）の句である。藤原鎌足《かまたり》（六一四〜六九）の時代から約一一五〇年も後の俳句であり、その点も突っ込みどころなのだろう。

とにもかくにも、「物の怪」は、落ちぶれた現在と比べて、神として祀られていた過去を懐かしんでいる。おそらく水木は、古代の文学作品などにモノノケが多く語られていることを念頭に置き、千年前から生きているとする設定にしたのだろう。実際のところは、藤原鎌足の時代にモノノケが神として祀られることはなかったが、第二章で述べたように、中世にはモノノケと神は重ね合わせて捉えられることもあった。水木の「物の怪」は、あながち出《で》鱈目《たらめ》を語ってはいないのである。

社会から取り残されたアウトサイダー

「物の怪」は、積極的に悪事を働くことはない。高度経済成長で社会が豊かになっていく中、孤島に取り残され、金もなく、細々と玉ねぎを食べて暮らしていた。かつては、「神としてまつられたこともある」にもかかわらず、現在は社会から取り残された、いわゆるアウトサイダーである。そうなってしまった理由は、人間をおどかして供え物をもらう商売をしていたものの、科学の進歩により人間が少しも驚かなくなってしまったからだという。水木しげるが「物の怪」をこのようなキャラクターとして登場させた理由は、すでにモノノケが過去の遺物であり、町中にいる鬼太郎やねずみ男、猫娘とは異なる存在だと考えていたからだろう。古代にあれほど恐れられていたモノノケも、妖怪などに吸収されるかたちで曖昧な存在となっていき、一九六〇年代には、急速に発展していく社会とは対照的な存在として語られるようになったのである。

そうではあるものの、「絶滅するのも遠くないだろう」と嘆いていた「物の怪」は、復活を願って次のように呟《つぶや》き、ねずみ男をギョッとさせる。

僕もタマネギとトウモロコシばかり食べてる生活にあきた。背広《せびろ》もほしいしたまにはポマードもつけてマリリンモンローあたりとロマンスの花をさかしたい。日本の片隅《かたすみ》の妖怪として終《お》わりたくない。この僕の気持わかる？

そして、松下幸之助《まつしたこうのすけ》のような実業家になりたい、とせっせとボウフラを育てた「物の怪」であったが、結局は金持ちになることもなく、森の中にある「怪奇趣味がじゅうまん」した家に一人で「スタコラサッサ」と帰っていくことになる。おそらく、これまで通りの、タマネギを食べ続ける貧乏生活に戻ったのだろう。

戦前に引き続き、戦後のモノノケのイメージは、実に曖昧である。興味深いことに、水木しげる『鬼太郎夜話』からは、モノノケは必ずしも人間を脅かすのではなく、人間社会とは隔絶した自然の中にひっそりとすむイメージでも捉えられるようになっていたことが分かる。妖怪や幽霊が多く語られる一方で、奇《く》しくも水木の「物の怪」が嘆くように、モノノケは華々しい表舞台から裏方に追いやられ、絶滅が危惧される状況となっていた。そのような状況によって、モノノケは、孤島、森、といった自然の中に追いやられるようになったのだろう。

現代的な都会との隔絶

源氏鶏太《げんじけいた》（一九一二〜八五）の『幽霊になった男』（『小説新潮』昭和四五年〔一九七〇〕六月号）でも、モノノケは人間の生活空間とは隔絶した場にいるというイメージで語られている。残業をした主人公皆川正志は、人気がなくなったビルに薄気味悪さを感じ、「そこらからひょっこり物の怪のようなものがあらわれて来そうな錯覚におそわれ」た時、次のように感じた、とある。

勿論《もちろん》、東京丸ノ内のビルの中に物の怪などのいよう筈がないのだ。尤《もっと》も、このビルは戦前の古びた建物なので、近頃のビルに比較すると、どことなしに陰気臭くて、かりに物の怪があらわれたとしても、それなりに納得のいくような気がする。ひょっとしたら誰もいなくなった深夜に、魑魅魍魎《ちみもうりょう》のたぐいが跋扈《ばっこ》しているということだって考えられる。

『幽霊になった男』では、その後、同僚の男性がかねてより怨みを抱いていた常務に、「幽霊」になって復讐を遂げるべく自殺することになる。つまりは、皆川が抱いた「物の怪」の「錯覚」は、それほど見当違いではなかったことになる。ちなみに、ここでいう「物の怪」は、特定の何かを指すのではなく、漠然と怪しげなもの全般を指している。また、『幽霊になった男』の「物の怪」は、新しく現代的なビルではなく古い建物、もしくは多くの人間が働くオフィス街から隔絶した場所にいるものだとされている。

森に宿る精霊

日影丈吉《ひかげじょうきち》（一九〇八〜九一）の『泥汽車《どろきしゃ》』（平成元年〔一九八九〕刊行）では、人間の社会とは隔絶した場である森に棲むモノノケについて語られている。『泥汽車』は、関東大震災後の復興で森が埋め立てられ、森に棲むモノノケやスダマが姿を消し、東京が大都市へと変貌する様を活写した作品である。モノノケに関する箇所の概要は次の通りである。

小学生だった主人公の「私」は、「古い森のつきもの」である「モノノケやスダマの類」が森とともに滅びてしまうのではないかと不安に思い、月の明るい晩に森に行ったところ、一五、六人の女たちが音楽に合わせて踊っているのを見た。楽し気ではなく、心の苦しみの発散のために仕方なく踊っているように見えた。次第に踊る光の輪が薄くなり、いつの間にか見えなくなった。

しばらく森へは行かなかったが、再び月の明るい晩、森の苦しみを見ていきたいと思い出かけた。すると、見慣れない四脚門や大きな古い屋敷を見つけた。家の中を見ていると、光が集まり強くなり、やがてきらびやかな衣装を着た女の面をかぶった者となり、歌を歌ったのちに消えた。眼を凝らすと、歌っていた者はいなくなったが、暗闇から神像のようなものが見えて来た。顔は人間のようではなく、天狗のような高い鼻が見えた。「本物の天狗か、天狗の面をかぶったモノノケか。だとしたら、名もない無害のモノノケとは違う、何か悪いやつではなかろうか」と考えた「私」は、恐ろしくなり逃げ出した。振り返ると四脚門も屋敷もなかった。

とうとう森はなくなり、「私」も大人になった。ある日、子どもの頃に通っていた菓子屋があった通りに、新たに建った本屋で立ち読みをしていたところ、店先に子守りの「女の子」が立っていた。「私」は、その「女の子」がかつて森に住んでいた者の一人だと気が付いた。「女の子」は「お兄さん、知ってるよ、あんたのこと」と薄ら笑いを浮かべながら横目で見た。「私」が「みんな、どうしてるんだい」と尋ねたところ、女の子は「みんな、どこかで生きてるよ」と答えたのだった。

この「女の子」は、「モノノケやスダマの類」なのだろう。都市開発によって森が破壊されても、「モノノケやスダマの類」は消滅することなく、人間世界の中に溶け込んで生きている、ということになるだろうか。

モノノケがスダマと並べて語られている点も、面白い。要するに、『泥汽車』のモノノケとは、森に宿る精霊、もしくはそれと類似したものなのである。モノノケが森の精霊とされた理由は、『鬼太郎夜話』でみたように、モノノケが過去の遺物であり、社会から疎外されたものであるとするイメージが構築されていたからだろう。発展する都市と、それによって失われていく自然を語るにあたり、精霊としてのモノノケは違和感なく受け入れられたのである。

人間との対立と共生

現在、モノノケというと、平成九年(一九九七)に公開された宮崎駿《みやざきはやお》監督のアニメ映画『もののけ姫』のイメージが強いだろう。『もののけ姫』は、公開から翌年夏までに一三〇〇万人もの観客を集め、配給収入一一三億円という記録的大ヒット映画となった。『もののけ姫』では、日本の中世後期を舞台に、森に棲む荒ぶる神々(もののけ)と森を侵略しようとする人間の壮絶な闘いと共生が描かれている。そのオープニングでは、次のような言説が提示される。

むかし、この国は深い森に
おおわれ、そこには太古から

の神々がすんでいた。

「太古からの神々」の頂点に立つのは、鹿のような姿をした神獣のシシ神であり、夜になると十数メートルはあるだろう巨人、ディダラボッチとなる。シシ神の首は、不老不死の力を持つと考えられ、人間に狙われる。荒ぶる神々は、犬神や猪神、熊の姿で登場する。「もののけ姫」というのは、シシ神の森を侵す人間を憎み闘う犬神に育てられた少女、サンである。サンは、人間であるものの、育ての親である犬神にまたがり、鉄を作るタタラ場への襲撃を繰り返す。タタラ場を率いる女性「エボシ」によってシシ神の首が落とされると、森は死に向けて一気に崩れはじめる。エミシ一族の少年アシタカとサンによってシシ神に首が返されると、大地に緑が芽吹くもののシシ神の森ではなくなる。

さて、『もののけ姫』の「もののけ」は、人間の侵略から森を死守しようとする太古からの神々である。『泥汽車』のモノノケとは、荒ぶる性質を持つ点で異なるものの、通じるものがある。モノノケは、怨念を持つ霊として認識される一方で、人間世界とは一線を画す森に生きる精霊、神としての定着したイメージを持たされるようになったのだと言えよう。

現代のモノノケのイメージ構築に『もののけ姫』が果たした役割は、非常に大きい。『もののけ姫』の舞台となった鹿児島県屋久島《やくしま》の白谷雲水峡《しらたにうんすいきょう》の苔生《こけむ》した森は、「もののけの森」

と呼ばれている。「もののけの森」があるのは屋久島のみではない。長野県の北八ヶ《きたやつ》岳《だけ》にある白駒池《しらこまいけ》にも、原生林に生える一面の苔が神秘的な「もののけの森」があり、観光名所の一つとされている。「もののけ」の語は、太古からの自然をイメージさせ、人を魅了し集客効果をもたらすものとなったのである。

北八ヶ岳のもののけの森

　人間社会の周縁部に追いやられたモノノケは、広い意味を持たされるようになっていった。たとえば、『もののけ姫』公開の二年前にあたる平成七年（一九九五）、阪神《はんしん》・淡路《あわじ》大震災で大きな被害があった神戸には、路上演奏を通じて被災者を支援する、ソウル・フラワー・モノノケ・サミット（以下、モノノケ・サミットと略す）が現れた。モノノケ・サミットは、ロックバンドのソウル・フラワー・ユニオンを母体としている。もともと、ソウル・フラワー・ユニオンは、被抑圧的な存在としてモノノケや妖怪を捉え、モノノケにされた側の歴史を掘り起こそうと試みてきた。被抑圧的な存在には、熊襲《くまそ》や隼人《はやと》、蝦夷《えみし》、河童、天狗、鬼などのほか、鬼扱いや山姥《やまんば》扱いをされているのではと考えられるソウル・フラワー・ユニオンのメンバーや、社会の中で非主流となっている人々などまで含まれる。モノノケ、要するに、マイノリティに焦点をあてることにより、社会の周縁に位置する彼らの存在を顕在化し、抑圧を生み出す構造を浮き彫りにしようとしたのである。このように、人間社会の周縁部に追いやられたモノノケは、マイノリティを象徴する語として使用されるようになってもいた。

面白く可愛らしいキャラクター

平成五年（一九九三）、別役実《べつやくみのる》（一九三七～二〇二〇）の『当世もののけ生態学』が刊行された。この本では、様々な「もののけ」（妖怪）の生態が明かされている。たとえば、妖怪の一種として「もののけ」があり、その「もののけの亜種」には「もったい」がいると説かれている。我々は、「もったい」がついた物を無性に捨てたくなり、ついていない物を見るとやたらに拾いたくなるという。要するに、「もったいない」からである。「流通経済の中枢を支える専門家たち」の操作により、我々は、「もったい」がついた商品を捨てるようになり、大量消費、大量生産がなされ、円滑に経済が機能することができていると説明されている。「もったい」は、経済変動で成長した「もののけ」として紹介されている。

また、皮膚病も、妖怪のせいだと説明している。近代医学では「ヒゼンダニの寄生によって起こる伝染性皮膚病」と説明される疥癬《かいせん》の痒《かゆ》みは、実はヒゼンダニのせいではなく、妖怪の「かいせん」のせいだと明かしている。つまり、皮膚病の原因はヒゼンダニだが、痒がらせているのは妖怪「かいせん」なのである。「かいせん」は、自分がいることを示すため、つまりは自己主張のために、人間を痒がらせるのである。

モノノケ（妖怪）は、現代でもおもしろい題材である。

拍車がかかるキャラクター化

バンド、電気グルーヴの「モノノケダンス」（平成二〇年〔二〇〇八〕リリース）は、テレビアニメ『墓場鬼太郎』のオープニングテーマとされた楽曲である。「モノノケダンス」のCDジャケットには、墓場にいる電気グルーヴのピエール瀧《たき》と石野《いしの》卓球《たっきゅう》のほか、鬼太郎や目玉おやじ、ねずみ男らが描かれている。つまり、鬼太郎や目玉おやじらは、「モノノケ」の範疇に入れられていることになるだろう。これらのモノノケは、妖怪と明確には区別されず、すっかりキャラクター化されている。

妖怪のキャラクター化は、妖怪ウォッチの登場によって拍車がかかった。妖怪ウォッチは、レベルファイブ制作のロールプレイングゲームである。ゲームに先行して平成二四年（二〇一二）に『月刊コロコロコミック』で連載された。ゲームでは、猫や犬などの生き物が妖怪となったものが、妖怪の種族の一つである「モノノケ族」として分類されている。ちなみに、「モノノケ族」には、トラックに轢《ひ》かれて死んだ猫の地縛霊、ジバニャンも分類されている。

モノノケは、キャラクター化された結果、町おこしにも利用されるようになった。たとえば、水木しげるの出身地、鳥取県境港《さかいみなと》市では、観光名所として、水木しげる記念館や水木しげるロード、妖怪神社などを大々的に宣伝し、多くの観光客を呼び集めている。市内の店では、観光客向けに、妖怪グッズ、モノノケグッズなども、販売されている。

さらに、平成三一年（二〇一九）四月、『稲生物怪録』の舞台となった広島県三次《みよし》市は、妖怪コレクター湯本豪一から膨大なコレクションの寄贈を受け、湯本豪一記念日本妖怪博物館（三次もののけミュージアム）を設置し、話題となった。

求められ続けるモノノケ

現代のモノノケは、妖怪との区別が不明瞭である。たとえば、東雅夫《ひがしまさお》編『妖怪文藝《ようかいぶんげい》〈巻之壱《かんのいち》〉モノノケ大合戦』でも、「神話・伝承・古典から、文豪の名作、現代人気作家の作品まで、日本文学に登場した物の怪たちが一堂に会する〈妖怪文藝〉シリーズ第一弾」として、河童や海坊主、天狗、小豆洗《あずき》い、ぬらりひょん、雪女、豆腐小僧などがモノノケの範疇に含められるかたちで編まれている。

古代や中世におけるモノノケの性質は、現代において、モノノケよりも、むしろ幽霊に引き継がれている。現代の幽霊は、往生できない死霊と捉えられることが多いからだろう。モノノケが幽霊よりも妖怪に引き寄せて捉えられるようになった背景には、モノノケが多くは「物気」ではなく「物の怪」と表記されることもあるかもしれない。

モノノケは、近世以降、妖怪や幽霊と比較して、過去の遺物として社会から取り残された。ただし、それがために、本来持っていた意味合いが稀薄化し、かえって新たな性質を与えられやすくなったと言えるのではないだろうか。近代以降のモノノケは、取り憑き悩ます死霊として認識されつつもその傾向は薄れてゆき、一方で、自然に棲む神や妖怪という新たな形で捉えられるようになる。つまり、かつては調伏の対象であったのが、保護すべき対象とされるまでになったことになる。

近年の妖怪は、可愛《かわい》らしくキャラクター化され、時には人間に寄り添うペットのような、あるいは友達のようなものとしてメディアで親しまれている(『犬夜叉《いぬやしゃ》』『妖怪ウォッチ』『夏《なつ》目友人帳《めゆうじんちょう》』など)。一九九〇年代、妖怪を隣人として描くことが盛んとなり、二〇〇〇年以降の妖怪漫画などでは、可愛らしい姿や性質を持つものが増えていく傾向にある(伊藤慎吾「ライトノベルの妖怪像」、飯倉義之「異「人」化する妖怪言説――「正体探し」と「異界殺し」」)。これらの点は、妖怪と一体化したモノノケも同様である。妖怪やモノノケは、人間には持ち得ない不可思議な力を持つと捉えられ、人間を助けてくれる都合の良い存在としても語られるようになったのである（廣嶋玲子『もののけ屋——一度は会いたい妖怪変化』など）。

モノノケの歴史的意義

「まえがき」で述べたように、モノノケというと、古代の『源氏物語』のモノノケばかりが注目され、その他の時代や作品のモノノケについては、見過ごされてきた傾向にある。一応、これまで、古代以外のモノノケについても論じようとする試みもあった。しかし、それらでは、現代的感覚に基づいて、「物気」（物の怪）とは書かれていない幽霊や怨霊、化物、妖怪の類までモノノケの範疇に含めて論じられてきた。

本書で述べたように、モノノケは、時代によって漢字表記が異なるだけではなく、その意味するところも大きく異なる。それゆえ、以下、モノノケの変遷について、時代を分けてまとめたい。

まず、古代から中世にかけては、モノノケは病や死をもたらす死霊であることが多かった。病気の原因を現在のようには明らかにし得なかった時代、モノノケを病気の原因として捉えることによって、治療法を編み出すことが可能になった。また、虐げられ怨念を抱いて死んでいく人間に、死後の復讐という希望を与えることにもなる。それによって、モノノケは、共同体の不調和を是正する役割も担っていたことだろう。他者を害する極端な言動は、被害者の親族の霊などを意識することによって、多少なりとも自重されることもあったと考えられる。

近世になると、モノノケは幽霊や妖怪と混淆し、主に文学作品の中で語られ、娯楽化していく傾向にある。その実在は否定されつつも、比較的平和な時代であったが故に刺激が求められ、語られたのである。

近代から現代にかけては、西洋文化の影響を受けたこともあり、モノノケの意味するところは多様となった。モノノケは、人間に取り憑く霊としての性質も残しつつ、自然を守る神としての意味合いまで持たせられるようになったのである。また、モノノケは、妖怪と重ね合わせて捉えられる傾向が強まり、キャラクター化され、人間に寄り添い、時には人間には持ち得ないパワーで人間を助けるものとされるようになっていった。

以上のように、モノノケは、漢字の表記を「物気」から「物の怪」へと変えつつも、九世紀半ばから現代まで途切れることなく、語り続けられている。ただし、その姿や性質は実に大きく変化させられてきた。本書で述べてきたように、古代のモノノケと現代のモノノケは、重なりあう点を持ちつつも、同一のものと見なすことは決してできない。モノノケを通史的に見ていく時には、その不連続性にこそ、着目するべきなのだろう。個々の時代のモノノケは、その時代に生きた人間の精神世界を映し出す鏡なのである。

あとがき

本書は、古代から現代までのモノノケを歴史学の視点から通史的に記した本である。これまで、現代の感覚から、妖怪や怨霊、幽霊、化物《ばけもの》などをモノノケと同一と見なして書かれた本は出版されているものの、史料に則して通史的にモノノケそのものについて書かれたものはない。しかし、本書で見てきたように、モノノケは時代によって大きく姿を変化させてきた。モノノケは、個々の時代の人間から求められる形をとりつつ、現代まで語り続けられている。

古代から現代まで途切れることなくモノノケに関する事柄が記録され、あるいは語られてきた以上、一度は通史で概観しておく必要があるのではないか。その作業は、日本人の心性を考察する上で不可欠なのではないか。自身の専門の時代である古代から中世前期のモノノケについて調べつつ、かなり前からそのように感じてはいたものの、専門外の時代に踏み込み通史で書いてみるという勇気はなかなか湧かなかった。実際着手してみると、異なる時代の史料を扱うことは難しく、大いに苦労させられた。その一方、日頃見慣れない史料に触れたことにより、新たな発見にも恵まれ、心躍る思いをたびたび経験できた。まさに、モノノケに関する史料の読解・分析は、各時代における人間の心奥の変遷をのぞき込む作業に他ならなかったと言えるだろう。

現代、モノノケの存在を心から信じている人は、ほとんどいない。それにもかかわらず、モノノケに関する本の出版は相次ぎ、モノノケや妖怪の美術作品の展示は様々な博物館や美術館で行われ、話題となっている。これは、かつてのモノノケの性質を継承する幽霊についても同様である。平和な時代ほど、人は異世界のモノに思いを馳せ、慰安や刺激を求めるのだろう。近年、モノノケは妖怪と重ね合わせて捉えられ、キャラクター化される傾向にある。終章で述べたように、モノノケあるいは妖怪は、人間に寄り添い助ける役割まで担うようになってきている。核家族化が進み個を重んじる現代社会では、人間関係は稀薄になりがちである。このような時代だから、人間以外のモノによる癒やしが求められているのかもしれない。

二〇二〇年、新型コロナウイルスが世界中を震撼させている。新型コロナウイルスが恐れられる中、我が国では、半人半魚の姿をしたアマビエの絵を描けば（もしくは見れば）疫病に罹患《りかん》しないとする伝説が話題となり、妖怪アマビエが人気を博した。その効果を心から信じる人は少ないだろうが、混沌《こんとん》とした状況の中、アマビエには、不安な心に平安や和らぎをもたらす効果がある。先が見えない現代には、不可思議なモノの持つ超人間的なパワーが、求められているのである。

本書が完成するまでには、多くの方々にお世話になった。特に二〇一六・一七年度に二松学舎大学東アジア学術総合研究所の研究助成による共同研究として死霊表象研究会が発足し、歴史学のみならず幅広い分野の研究者と研究できたことは、本書の執筆に大いに役立った。さらに、二〇一六〜一八年度に科学研究費補助金を受けて共同研究「前近代日本における病気治療と呪術の研究」を行い、たくさんの刺激を受けたことも、本書執筆の原動力となっている。この二つの研究会で得た成果は、本書の至るところにちりばめられている。死霊表象研究会、科研の共同研究のメンバーとして共に研究して下さった方々に、心より御礼申し上げる。

本書は、筆者にとって二冊目の中公新書である。今回も、前著『浄土真宗とは何か――親鸞の教えとその系譜』（二〇一七年）の編集を担当して下さった吉田亮子さんに大変お世話になった。モノノケや幽霊の本は怪談の季節である夏に出すのが良いということで、もともと夏の刊行を目指していたのだが、自身が専門とする中世以外の膨大な史料と格闘しているうちに、すっかり秋も深まった時期の刊行となってしまった。吉田さんからメールが送られてくるたびに「ノミの心臓」が高い鼓動をあげたのを思い出す。遅筆によりご迷惑をおかけしたことを、心よりお詫び申し上げる。本書が多くの方々に読んでいただけるものとなれば、望外の幸せである。

二〇二〇年九月三〇日

小山聡子

主要参考文献

赤澤春彦「日本中世における病・物気と陰陽道」小山聡子編『前近代日本の病気治療と呪術』思文閣出版、二〇二〇年
アダム・カバット校注・編『江戸化物草紙』小学館、一九九九年
阿部主計『妖怪学入門』雄山閣、二〇一六年（初版、一九六八年）
荒俣宏「『稲生物怪録』と平田篤胤の幽冥界研究」同編『平田篤胤が解く稲生物怪録』角川書店、二〇〇三年
阿部正路『日本の幽霊たち—怨念の系譜』日貿出版社、一九七二年
阿部正路『怨念の日本文化—幽霊篇』（角川選書）角川書店、一九九五年
網野善彦『日本論の視座—列島の社会と国家』小学館、一九九〇年
網野善彦「中世遍歴民と芸能」同『日本中世の百姓と職能民』（平凡社選書）平凡社、一九九八年
飯倉義之「異「人」化する妖怪言説—「正体探し」と「異界殺し」」山泰幸・小松和彦編『異人論とは何か—ストレンジャーの時代を生きる』ミネルヴァ書房、二〇一五年
一柳廣孝『催眠術の日本近代』青弓社、一九九七年
一柳廣孝『怪異の表象空間—メディア・オカルト・サブカルチャー』国書刊行会、二〇二〇年
伊藤慎吾「ライトノベルの妖怪像」『ユリイカ』四八—九、二〇一六年
伊藤唯真「勢観房源智の勧進と念仏衆—玉桂寺阿弥陀仏像胎内文書をめぐって」同『浄土宗の成立と展開』吉川弘文館、一九八一年
彌永信美「インド、中国、日本における憑霊信仰をめぐって—雑密文献の世界への入り口として」『日本古写経研究所研究紀要』四、二〇一九年
上野勝之『夢とモノノケの精神史—平安貴族の信仰世界』京都大学学術出版会、二〇一三年
上野勝之「〝託宣〟の史料的検討—伊勢神宮を中心に」『説話文学研究』五一、二〇一六年
大江篤『日本古代の神と霊』臨川書店、二〇〇七年

大江篤「日本古代の「怪」と「怪異」―「怪異」認識の定着」東アジア恠異学会編『怪異学の地平』臨川書店、二〇一八年
大形徹「「鬼」系の病因論―新出土資料を中心として」『大阪府立大学紀要（人文・社会科学）』四三、一九九五年
大形徹『魂のありか―中国古代の霊魂観』（角川選書）角川書店、二〇〇〇年
大野晋編『古典基礎語の世界―源氏物語のもののあはれ』（角川ソフィア文庫）角川学芸出版、二〇一二年
大室幹雄『囲碁の民話学』（岩波現代文庫）岩波書店、二〇〇四年（原著、一九七七年）
小倉結「六博論―中国古代の盤上遊戯の研究」『遊戯史研究』二四、二〇一二年
小田悦代『呪縛・護法・阿尾奢法―説話にみる僧の験力』岩田書院、二〇一六年
香川雅信『江戸の妖怪革命』（角川ソフィア文庫）角川学芸出版、二〇一三年
梶村昇『勢観房源智―念仏に生きた人―』東方出版、一九九三年
勝田至『死者たちの中世』吉川弘文館、二〇〇三年
加藤明「上代文学に表された「死」のとらえ方についての考察」『東京女子体育大学・東京女子体育短期大学紀要』四五、二〇一〇年
川村邦光「近代日本における憑依の系譜とポリティクス」同編『憑依の近代とポリティクス』青弓社、二〇〇七年
菊地章太『妖怪学の祖 井上圓了』（角川選書）角川学芸出版、二〇一三年
木場貴俊「林羅山と怪異」東アジア恠異学会編『怪異学の技法』臨川書店、二〇〇三年
京極夏彦・多田克己『妖怪図巻』国書刊行会、二〇〇〇年
玉桂寺阿弥陀如来立像胎内文書調査団編『玉桂寺阿弥陀如来立像胎内文書調査報告書』玉桂寺、一九八一年
工藤美和子「勢観房源智「阿弥陀如来像造立願文」の中の法然」『仏教文化研究』五六、二〇一二年
工藤美和子「勢観房源智「阿弥陀如来像造立願文」について」『佛教大学歴史学部論集』四、二〇一四年
小泉武栄『登山の誕生―人はなぜ山に登るようになったのか』（中公新書）中央公論新社、二〇〇一年
國學院大學研究開発推進センター編『霊魂・慰霊・顕彰―死者への記憶装置』錦正社、二〇一〇年
国立歴史民俗博物館編『もののけの夏―江戸文化の中の幽霊・妖怪』歴史民俗博物館振興会、二〇一九年
小松和彦『憑霊信仰論―妖怪研究への試み』（講談社学術文庫）講談社、一九九四年（原著、一九八四年）

小松和彦「よみがえる草双紙の化物たち」アダム・カバット校注・編『江戸化物草紙』小学館、一九九九年
小松和彦編『妖怪学の基礎知識』(角川選書) 角川学芸出版、二〇一一年
小松和彦『妖怪文化入門』(角川ソフィア文庫) 角川学芸出版、二〇一二年
小山聡子『護法童子信仰の研究』自照社出版、二〇〇三年
小山聡子『親鸞の信仰と呪術―病気治療と臨終行儀』吉川弘文館、二〇一三年
小山聡子「護法童子信仰の成立と不動信仰」磯水絵編『論集 文学と音楽史―詩歌管絃の世界』和泉書院、二〇一三年
小山聡子「光源氏と六条御息所の死霊―死霊への対処をめぐって」『説話』一二、二〇一四年
小山聡子「囲碁・雙六によるモノノケの調伏―中世前期を中心として」『説話文学研究』五一、二〇一六年
小山聡子「薄情な男、光源氏―『源氏物語』の愛執と非情」二松学舎大学文学部国文学科編『恋する人文学―知をひらく22の扉』翰林書房、二〇一六年
小山聡子「覚如が生きた時代の疫病治療」『親鸞の水脈』一九、二〇一六年
小山聡子「中世前期の病気治療における神とモノノケ」『歴史評論』八一六、二〇一八年
小山聡子『往生際の日本史―人はいかに死を迎えてきたのか』春秋社、二〇一九年
小山聡子「幽霊ではなかった幽霊―古代・中世における実像」小山聡子・松本健太郎編『幽霊の歴史文化学』思文閣出版、二〇一九年
小山聡子「平安時代におけるモノノケの表象と治病」同編『前近代日本における病気治療と呪術』思文閣出版、二〇二〇年
子安宣邦『〈新版〉鬼神論―神と祭祀のディスクール』白澤社、二〇〇二年
近藤瑞木『百鬼繚乱―江戸怪談・妖怪絵本集成』国書刊行会、二〇〇二年
近藤瑞木「化物振舞―松平南海侯の化物道楽」小山聡子・松本健太郎編『幽霊の歴史文化学』思文閣出版、二〇一九年
近藤瑞木「神職者たちの憑霊譚―『事実証談』の世界」小山聡子編『前近代日本の病気治療と呪術』思文閣出版、二〇二〇年
権藤芳一・中川彰・露乃五郎『日本の幽霊―能・歌舞伎・落語』大阪書籍、一九八三年
権藤芳一「能の幽霊・再考」『芸能』三一―八、一九八九年

坂本勝「都市の大物主―崇神朝の祟り神伝承をめぐって」『日本文学誌要』八三、二〇一一年
酒向伸行『憑霊信仰の歴史と民俗』岩田書院、二〇一三年
佐藤弘夫『アマテラスの変貌―中世神仏交渉史の視座』法藏館、二〇〇〇年
佐藤弘夫『死者のゆくえ』岩田書院、二〇〇八年
佐藤弘夫「幽霊の誕生―江戸時代における死者供養の変容」『宗教研究』八五―四、二〇一二年
佐藤弘夫「親鸞における死と救済―現代における親鸞思想の可能性」『親鸞の水脈』一六、二〇一四年
佐藤弘夫『死者の花嫁―葬送と追想の列島史』幻戯書房、二〇一五年
佐藤弘夫「幽霊の発生―怪談から見直す日本文化論」『日本文学会誌』二九、二〇一七年
繁田信一『陰陽師と貴族社会』吉川弘文館、二〇〇四年
繁田信一『呪いの都平安京―呪詛・呪術・陰陽師』吉川弘文館、二〇〇六年
清水善三『平安彫刻史の研究』中央公論美術出版、一九九六年
新村拓『日本医療社会史の研究―古代中世の民衆生活と医療』法政大学出版局、一九八五年
新村拓編『日本医療史』吉川弘文館、二〇〇六年
鈴木直美「中国古代のボードゲーム」中国出土資料学会編『地下からの贈り物―新出土資料が語るいにしえの中国』（東方選書）東方書店、二〇一四年
杉本好伸編『稲生物怪録絵巻集成』国書刊行会、二〇〇四年
諏訪春雄『日本の幽霊』（岩波新書）岩波書店、一九八八年
諏訪春雄『霊魂の文化誌―神・妖怪・幽霊・鬼の日中比較の研究』勉誠出版、二〇一〇年
諏訪春雄「日本幽霊学事始」河合祥一郎編『幽霊学入門』新書館、二〇一〇年
平雅行「鎌倉山門派の成立と展開」『大阪大学大学院文学研究科紀要』四〇、二〇〇〇年
高岡弘幸『幽霊　近世都市が生み出した化物』吉川弘文館、二〇一六年
高木博志『近代天皇制の文化史的研究―天皇就任儀礼・年中行事・文化財』校倉書房、一九九七年
高橋悠介「能の亡霊と魂魄」『能と狂言』一四、二〇一六年
高田衛『雨月物語評解』有精堂出版、一九八〇年

高田衛監修／稲田篤信・田中直日編『鳥山石燕 画図百鬼夜行』国書刊行会、一九九二年
高田衛『新編 江戸幻想文学誌』（ちくま学芸文庫）筑摩書房、二〇〇〇年
竹田晃『中国の幽霊―怪異を語る伝統』東京大学出版会、一九八〇年
武光誠『もののけと日本人』（KIBA 新書）KIBA BOOK、一九九九年
竹村牧男『井上円了―その哲学・思想』春秋社、二〇一七年
田代慶一郎『夢幻能』（朝日選書）朝日新聞社、一九九四年
多田一臣『万葉集全解』二、筑摩書房、二〇〇九年
田中貴子「泉鏡花『草迷宮』と『稲生物怪録』」鎌田東二編『思想の身体―霊の巻』春秋社、二〇〇七年
谷口美樹「平安貴族の疾病認識と治療法―万寿二年の赤斑瘡流行を手懸りに」『日本史研究』三六四、一九九二年
玉山成元「勢観房源智について」『大正大学大学院研究論集』七、一九八三年
堤邦彦「「幽霊」の古層―江戸の庶民文化にはじまるもの」小松和彦編『怪異・妖怪文化の伝統と創造―ウチとソトの視点から』国際日本文化研究センター、二〇一五年
徳田和夫「怪異《アンキャニー》と驚異《マーベラス》の東西―妖怪とモンスター」同編『東の妖怪・西のモンスター―想像力の文化比較』勉誠出版、二〇一八年
永原順子「能の「不思議」―能における霊魂観」東アジア恠異学会編『怪異学の可能性』角川書店、二〇〇九年
錦織和晃「産養・移徙儀礼における攤」『日本歴史』八五九、二〇一九年
ハイエク・マティアス「中世説話における病因と陰陽師の役割」『アジア遊学』七九、二〇〇五年
長谷川雅夫・辻本裕成・ペトロ・クネヒト「「鬼」のもたらす病―中国および日本の古医学における病因観とその意義（上）」『南山大学紀要 アカデミア 人文・自然科学編』一六、二〇一八年
服部敏良『鎌倉時代医学史の研究』吉川弘文館、一九六四年
服部敏良『室町安土桃山時代医学史の研究』吉川弘文館、一九七一年
服部敏良『王朝貴族の病状診断』吉川弘文館、二〇〇六年（原著、一九七五年）
速水侑『呪術宗教の世界―密教修法の歴史』（はなわ新書）塙書房、一九八七年
東雅夫編『稲生モノノケ大全―陰之巻』毎日新聞社、二〇〇三年

東雅夫編『稲生モノノケ大全―陽之巻』毎日新聞社、二〇〇五年
東雅夫編『妖怪文藝〈巻之壱〉モノノケ大合戦』（小学館文庫）小学館、二〇〇五年
平林重雄『水木しげると鬼太郎変遷史』YMブックス、二〇〇七年
広瀬正浩「「モノノケ」の奏でる音楽―初期ソウル・フラワー・ユニオンの音楽が問題にしたもの」一柳廣孝・吉田司雄編『妖怪は繁殖する』青弓社、二〇〇六年
藤本勝義『源氏物語の〈物の怪〉―文学と記録の狭間』笠間書院、一九九四年
保坂達雄「折口名彙の生成」『神と巫女の古代伝承論』岩田書院、二〇〇三年
細井浩志「疾病と神仏―律令国家の成立と疾病流行および疾病認識」安田政彦編『自然災害と疾病』竹林舎、二〇一七年
増尾伸一郎「〈物怪《もののさとし》〉と〈物気《もののけ》〉―東アジアの視点から」小峯和明編『東アジアの今昔物語集―翻訳・変成・予言』勉誠出版、二〇一二年
増川宏一『さいころ』法政大学出版局、一九九二年
増川宏一『日本遊戯思想史』平凡社、二〇一四年
益田勝実『秘儀の島―日本の神話的想像力』筑摩書房、一九七六年
松岡心平「能の幽霊」河合祥一郎編『幽霊学入門』新書館、二〇一〇年
丸山裕美子「平安中後期の医学と医療」『日本史研究』六一九、二〇一四年
丸山裕美子「平安日記にみる疾病―摂関期の貴族の疾病と中国医学」安田政彦編『自然災害と疾病』竹林舎、二〇一七年
三浦節夫『井上円了と柳田国男の妖怪学』教育評論社、二〇一三年
南博編『近代庶民生活誌20　病気・衛生』三一書房、一九九五年
南本有紀「能の幽霊・考」笠井昌昭編『文化史学の挑戦』思文閣出版、二〇〇五年
三橋正『平安時代の信仰と宗教儀礼』続群書類従完成会、二〇〇〇年
三宅久雄「玉桂寺阿弥陀如来像とその周辺」『美術研究』三三四、一九八六年
森正人「〈もののけ〉と物怪」同『古代心性表現の研究』岩波書店、二〇一九年（初出は、「モノノケ・モノノサトシ・

物佐・佐異―憑霊と怪異現象とにかかわる語誌」『国語国文学研究』二七、一九九一年）
森正人「見えないものを名指す霊鬼の説話」後藤祥子ほか編『平安文学の想像力』勉誠出版、二〇〇〇年
森正人「紫式部集の〈もののけ〉表現」同『古代心性表現の研究』岩波書店、二〇一九年（初出は、「紫式部集の物の気表現」『中古文学』六五、二〇〇〇年）
森正人『源氏物語と〈もののけ〉』熊本日日新聞社、二〇〇九年
森正人「〈もののけ〉現象と対処をめぐる言語表現」同『古代心性表現の研究』岩波書店、二〇一九年（初出は、「〈もののけ〉考―現象と対処をめぐる言語表現」『国語国文学研究』四八、二〇一三年）
森正人「〈もののけ〉の憑依をめぐる心象と表現」同『古代心性表現の研究』岩波書店、二〇一九年（初出は、『説話文学研究』五一、二〇一六年）
森正人「枕草子一本第二十三段「松の木立高き」における〈もののけ〉調伏」『日本文学』六五―一、二〇一六年
安井広「E・ベルツの「憑依とその類似状態について」」『日本医史学雑誌』三〇―二、一九八四年
安永一『中国の碁』時事通信社、一九七七年
山内昶『もののけⅠ』法政大学出版局、二〇〇四年
山折哲雄『神秘体験』（講談社現代新書）講談社、一九八九年
山口敦史「〈やまい〉と鬼神―中巻第二四縁考」同『日本霊異記と東アジアの仏教』（笠間叢書）笠間書院、二〇一三年
山下克明『平安時代の宗教文化と陰陽道』岩田書院、一九九六年
山田勝美「「もののけ」原義考」『上智大学国文学論集』一、一九六八年
山田雄司『崇徳院怨霊の研究』思文閣出版、二〇〇一年
山田雄司『跋扈する怨霊―祟りと鎮魂の日本史』吉川弘文館、二〇〇七年
山田雄司『怨霊・怪異・伊勢神宮』思文閣出版、二〇一四年
山田雄司『怨霊とは何か―菅原道真・平将門・崇徳院』（中公新書）中央公論新社、二〇一四年
山田雄司「生と死の間―霊魂の観点から」小山聡子・松本健太郎編『幽霊の歴史文化学』思文閣出版、二〇一九年
吉田麻子「『稲生物怪録』の諸本と平田篤胤『稲生物怪録』の成立」吉田麻子『知の共鳴―平田篤胤をめぐる書物の社会史』ぺりかん社、二〇一二年（初出は、『近世文芸　研究と評論』五四、一九九八年）

吉田一彦「アジア東部における日本の鬼神—『日本霊異記』の鬼神の位置」『説話文学研究』五一、二〇一六年
吉田真樹『平田篤胤—霊魂のゆくえ』（講談社学術文庫）講談社、二〇一七年（原著、二〇〇九年）
度会好一『明治の精神異説—神経病・神経衰弱・神がかり』岩波書店、二〇〇三年

『看聞日記』	庭田経有十三回忌
『長弁私案抄』42「敬白請諷誦事」	『続群書類従』28下
為権大僧都法印某周忌修法会願文	『願文集』3、『本朝文集』76
『看聞日記』	大通院施餓鬼庭田幸子亡母三十三回忌
為僧正某七々忌修法会願文	『願文集』3、『本朝文集』77
大僧都源雅願文案	醍醐寺文書、『大日本古文書』家わけ19、醍醐寺文書7

1424（応永31）年 5月15日	「重有朝臣不顧窮困、仏事涯分経営、忠孝之至、定幽霊令感悦歟」
1429（正長2）年 2月	「先妣幽霊妙珍禅尼卅三回之忌陰、奉造立大日如来之三摩耶形浄戒柱一基」
1433（永享5）年 2月14日	「然則幽霊速泛慈航」
1433（永享5）年 12月10日	「幽霊得脱無疑者哉」
1447（文安4）年 10月29日	「奉読誦阿弥陀経三百巻、奉図絵幽霊影像一幅。此外中陰之間、昼夜不断念仏」
1516（永正13）年 正月	「伏惟、先師前大僧正幽霊法力純粋、心操清高、真俗之兼備絶倫、練修之功能超類」

同七々日忌諷誦文	『本朝文集』72
為参州本願寺先師三回忌修功徳諷誦文	『迎陽記』8、『本朝文集』73
為日野一品忠光卿修五旬忌諷誦文	『迎陽記』11、『本朝文集』74
為先考土岐伊予入道修五旬忌願文并諷誦文	『迎陽記』9、『本朝文集』74
為先考藤原為遠卿修五旬忌願文并諷誦文	『迎陽記』10、『本朝文集』74
為先妣某氏五七日忌修追福諷誦文	『迎陽記』8、『本朝文集』73
為山徒東林房妻修五七日忌諷誦文	『迎陽記』8、『本朝文集』73
為先考佐々木崇永修十三回忌願文并諷誦文	『迎陽記』9、『本朝文集』74
為先考藤原為遠卿修一周忌法会願文并諷誦文	『迎陽記』10、『本朝文集』74
為先考七回忌祈冥福諷誦文	『迎陽記』8、『本朝文集』73
『円明国師行実年譜』	『続群書類従』9上
比丘尼宗心寄進状并寄進数地絵図	大徳寺文書、『大日本古文書』家わけ、大徳寺文書1
為先考藤原為重卿五旬忌願文并諷誦文	『迎陽記』10、『本朝文集』74
為先考藤原資明卿修三十三回忌修功徳願文并諷誦文	『迎陽記』10、『本朝文集』74
為先考羽淵宗信法印修三回忌法会願文并諷誦文	『迎陽記』7、『本朝文集』73
為先考卜部兼豊入道十三回忌修冥福願文并諷誦文	『迎陽記』7、『本朝文集』73
為先考藤原為重卿七回忌修追福願文并諷誦文	『迎陽記』10、『本朝文集』74
『等持院御八講記』「内大臣家請諷誦事」	『続群書類従』26下
『長弁私案抄』31「敬白諷誦事」	『続群書類従』28下
『看聞日記』	観音懺法

1377（永和３）年8月16日	「右先妣幽霊、現世秉柔範矣」「然則幽霊逝水莫憾、定発胎華於上生之臺」
1377（永和３）年9月26日	「先師幽霊、久事一向専念行、常結十方歓喜縁」
1379（永和５）年2月28日	「然則幽霊願乗般若之舟、速到菩提之岸」
1380（康暦２）年12月	「然則幽霊遊幻境兮五十有年」「右先考幽霊、空尽生理」
1381（永徳１）年10月16日	「不疑開禅門幽霊之覚悟」
1381（永徳１）年12月	「弟子同気幽霊所生、共卜萱堂、五七日之哀痛罔極」
1381（永徳１）年12月	「然則幽霊答仏塔住典之功力、得戒定慧根之円明」
1382（永徳２）年6月７日	「右先考幽霊、正当十三回之遠忌、特致一七日之齋誠、図絵大日尊像」
1382（永徳２）年8月27日	「幽霊速登九品、衆共満三祇」
1382（永徳２）年8月27日	「然則幽霊六塵内潔、而真識円明」
1382（永徳２）年	「幽霊者、於愚老、芳契殊深、恩顧最厚」
1383（永徳３）年7月18日	「当庵住持比丘尼等、致天下安全、当郷安穏祈禱、可被訪過去幽霊菩提之状如件」
1385（至徳２）年4月５日	「先考幽霊、九夜以降、五旬云満、抽昼夜懇々之誠」
1385（至徳２）年7月27日	「修此法事、慕彼故居、諸仏感応以垂慈、幽霊降臨以聞法者歟」
1387（嘉慶１）年9月11日	「伏惟先考幽霊、性天巧妙」「然則幽霊法印昨位也、転為十号慈尊、仏果今身也」
1388（嘉慶２）年8月	「然則幽霊昨者掌春禴秋掌之礼兮事神」
1391（明徳２）年2月	「然則幽霊六十一年、功徳之林、種善根兮得妙果」
1414（応永21）年4月	「本尊証明、恵業至誠、幽霊納受」
1415（応永22）年6月	「先考幽霊命薬欻落、随無常之暴風徳海已端消有為泡沫」
1416（応永23）年12月24日	「懺法事更殊勝、催感涙、幽霊定随喜御歎、聴衆済々候」

生松女御影堂陀羅尼田寄進状	『高野山文書　続宝簡集』64、『大日本古文書』家わけ1－3
為報恩院法務僧正某五七日忌修冥福願文	『本朝文集』72
『延文四年結縁灌頂記』	『続群書類従』26上
為先考藤加賀入道五旬忌修冥福願文	『迎陽記』7、『本朝文集』73
為佐々木入道崇永三回忌修功徳願文并諷誦文	『迎陽記』7、『本朝文集』74
為先考大江任宗入道五旬忌修冥福願文	『迎陽記』7、『本朝文集』73
為王父三品尊公三十三回忌修追福諷誦文	『迎陽記』8、『本朝文集』73
為随心院僧正通厳十三回忌修功徳諷誦文	『迎陽記』8、『本朝文集』73
為泉涌寺大笑上人十三回忌修功徳諷誦文	『迎陽記』8、『本朝文集』73
為先妣某氏三回忌諷誦文	『迎陽記』8、『本朝文集』73
為先考某一周忌修追善願文并諷誦文	『迎陽記』7、『本朝文集』73
為亡夫崇永諷誦文	『迎陽記』8、『本朝文集』73
為祖父筑前守大神景茂五旬忌修追福諷誦文	『迎陽記』8、『本朝文集』73
奉為随心院僧正照厳一回忌功徳諷誦文	『迎陽記』8、『本朝文集』73
為先考卜部兼豊入道五旬忌修冥福願文并諷誦文	『迎陽記』7、『本朝文集』73
為吉田神主兼豊百箇日忌諷誦文	『迎陽記』8、『本朝文集』73
『月庵和尚語録』「為生阿弥陀仏拈香」	
為先考山名時氏卿七回忌修善願文并諷誦文	『迎陽記』9、『本朝文集』74
為大納言得業隆肇五七日忌修冥福諷誦文	『迎陽記』8、『本朝文集』73
為先妣五七日忌法会諷誦文	『本朝文集』72

1335（建武2）年2月25日	「然者以此恵業、祖母幽霊、四恩法界、蠢々群萌、悉払迷暗、速証仏果」
1353（文和2）年2月19日	「此経者翻幽霊之芳札」
1359（延文4）年	「自爾以降造次顛沛之勤者、幽霊出離之計也」
1364（貞治3）年2月29日	「伏惟先考幽霊、以信会友、以礼修身」
1372（応安5）年6月	「右過去幽霊、告一往之訣、当三年之忌」「然則幽霊速駕一乗之妙車、宜遷無垢之浄刹」
1372（応安5）年7月	「然則幽霊在閻浮兮六十六年也」
1375（応安8）年2月2日	「右過去幽霊、愚昧阿祖也」「幽霊永破妄睡於蒲牢之響、速遷覚位於蓮胎之座」
1375（永和1）年3月	「恭惟先師幽霊、寛元摂政之貴孫、毘盧遮那之遺弟也」
1375（永和1）年4月10日	「幽霊考寂滅之槃、弟子慕遷化之別」
1375（永和1）年6月12日	「右先妣幽霊遭寵之日」
1375（永和1）年9月	「伏惟先禅門幽霊、心操不曲」「今聞老師之演説、暗知幽霊之得脱」「右先考幽霊、送七十余年於妄境」
1376（永和2）年6月7日	「然則幽霊生前遁俗也」
1376（永和2）年7月26日	「如亡祖幽霊者、桓伊前身、方叔再生也」
1376（永和2）年9月11日	「然則幽霊六塵内洗、而性識円明」
1376（永和2）年10月	「幽霊当五旬逆善、図仏菩薩於生衣」「然則幽霊願破毒障、而証三藐三菩提、願脱業塵」「右先考幽霊、正当七々之忌陰」
1376（永和2）年12月6日	「伏惟過去禅門幽霊、温和稟性、恭敬在心」
1376（永和2）年	「願回善利悉資幽霊」
1377（永和3）年2月28日	「右今日者先考幽霊、一往之後、七回之忌也」
1377（永和3）年5月	「然則幽霊万業煩悩海、徹底乾枯、無量智慧花、廓然開発、乃至余薫、普利群生」
1377（永和3）年8月5日	「右先妣幽霊、七十年来之夢忽回」「奉供養阿弥陀如来像一鋪。此像者幽霊臨終所胆仰」

顕助僧正五七日仏事目録	金沢文庫倉初非中後裏文書、『鎌倉遺文』古文書編36
御房丸諷誦文	金沢文庫蔵菩薩戒本宗要枢鏡文集裏文書、『鎌倉遺文』古文書編36
尼見阿弥阿仏諷誦文	金沢文庫蔵菩薩戒本宗要枢鏡文集裏文書、『鎌倉遺文』古文書編36
良禅宝薬施入状	信濃井内清記等蔵十一面観音像胎内文書、『鎌倉遺文』古文書編36
木造十一面観音立像願文	信濃観音堂安置、『鎌倉遺文』古文書編補遺4
尼随了諷誦文	金沢文庫文書、『鎌倉遺文』古文書編37
平氏女諷誦文	金沢文庫文書、『鎌倉遺文』古文書編38
隆経田地寄進状	『高野山文書　続宝簡集』3、『鎌倉遺文』古文書編38
某女諷誦文	『鎌倉遺文』古文書編39
信祐田地寄進状	『高野山文書　続宝簡集』3、『鎌倉遺文』古文書編39
頼暹田地寄進状	『高野山文書　続宝簡集』3、『鎌倉遺文』古文書編39
兼覚田地寄進状	『高野山文書　続宝簡集』3、『鎌倉遺文』古文書編39
阿闍梨明覚御影堂陀羅尼田寄進状	『高野山文書　続宝簡集』64、『大日本古文書』家わけ１－３
崇顕金沢貞顕表白文案	金沢文庫蔵神祇秘伝八幡裏文書、『鎌倉遺文』古文書編40
崇顕金沢貞顕廻向文案	金沢文庫蔵神祇秘伝八幡裏文書、『鎌倉遺文』古文書編40
崇顕金沢貞顕諷誦文案	金沢文庫蔵神祇秘伝八幡裏文書、『鎌倉遺文』古文書編40
石見雲樹寺経筒願文	石見雲樹寺境内出土、『鎌倉遺文』古文書編、41
宇志実阿寄進状	遠江大福寺文書、『鎌倉遺文』古文書編42
近江国番場宿蓮華寺過去帳	『群書類従』29

1320（元応2）年8月26日	「理趣経三巻　摺写幽霊䉼書札裏」
1322（元亨2）年7月23日	「先師幽霊、冥路告離以降、万端之愁涙未乾、□廻之忌陰已満」
1322（元亨2）年7月23日	「相当　過去幽霊一廻之忌辰、奉頓写法華経□部開結・心・阿等経」
1323（元亨3）年正月18日	「又先忌幽霊等、成仏道乃至法界同利益為故也」
1323（元亨3）年正月18日	「為先妄幽霊等成仏得道後、別輩類往生極楽上菩提下化衆生、現世福寿増長数病悉除乃至九界同利益」
1324（元亨4）年5月3日	「爰過去亡息幽霊、稟クルコト性廉直ニシテ、守ルコト行ヲ潔清ナリ」
1326（嘉暦1）年11月3日	「幽霊殊而得道快遊、花蔵含識、遍以発心、悉至果地、仍諷誦所修如件」
1326（嘉暦1）年12月10日	「為先師幽霊出離証果、恩所法界平等抜済、相副本券弐通、所奉寄進之状如件」
1328（嘉暦3）年2月26日	「幽霊逝去者、仲春下旬候」
1328（嘉暦3）年12月8日	「幽霊素意望生安養之花臺、庶幾預妙雲来迎、先得西土詫生、次引大日之円光、必遂上天之往詣」
1328（嘉暦3）年12月18日	「為母儀幽霊出離得脱、証大菩提、限永代、所奉寄進之状如件」
1330（元徳2）年2月21日	「田地者、兼覚相伝之私領也、而為果覚幽霊等成等正覚、所奉寄進御影堂長日陀羅尼也」
1331（元弘1）年11月22日	「任彼遺記之旨、所奉寄附御影堂陀羅尼田也、（中略）覚然幽霊所記置也」
1331（元弘1）年12月5日	「伏惟、過去先妣菩薩戒尼幽霊、柔和稟性」
1331（元弘1）年12月6日	「伏惟、先妣菩薩戒尼幽霊、四徳克調、六行是全、風範之無（兼ヵ）貞節也」
1331（元弘1）年12月6日	「先妣幽霊、下世以降、当十三廻之遠忌」
1332（元弘2）年11月12日	「所訪幽霊沙弥康円」
1333（元弘3）年12月12日	「毎月七日夜経膳於営天、彼実阿幽霊後菩提於可奉訪也」
1334（建武1）年	「彼亡魂幽霊為往生極楽証大菩提、四十八日間、常行三昧念仏修行」

仏心田地寄進状	紀伊施無畏寺文書、『鎌倉遺文』古文書編21
尼妙阿田地寄進状案	近江観音寺文書、『鎌倉遺文』古文書編25
澄円田地寄進状	『高野山文書　続宝簡集』17、『鎌倉遺文』古文書編25
高階某諷誦文	金沢文庫蔵大乗厳経巻10上包紙、『鎌倉遺文』古文書編26
摂津満願寺衆徒等申状写	摂津満願寺文書、『鎌倉遺文』古文書編26
尼思法写経願文	大和西大寺蔵騎経獅子文殊菩薩像胎内、『鎌倉遺文』古文書編26
藤原孝久写経願文	大和西大寺蔵騎獅子文殊菩薩像胎内、『鎌倉遺文』古文書編28
重舜田地寄進状	摂津勝尾寺文書、『鎌倉遺文』古文書編30
菩薩戒尼性明諷誦文	金沢文庫文書、『鎌倉遺文』古文書編30
金沢貞顕諷誦文案	金沢文庫文書、『鎌倉遺文』古文書編30
阿闍梨道舜寄進状	金剛三昧院文書、『高野山文書』 5
如是諷誦文	金沢文庫文書、『鎌倉遺文』古文書編31
元晋・比丘尼本阿願文	播磨性海寺文書、『鎌倉遺文』古文書編補遺 4
覚明田地寄進状	摂津勝尾寺文書、『鎌倉遺文』古文書編32
専有田地寄進状	大和額安寺文書、『鎌倉遺文』古文書編32
『公衡公記』	「禅定菩薩戒尼幽霊」は故西園寺実氏室
春若丸等連署寄進状案	『東大寺要録』 2、『鎌倉遺文』古文書編34
祐満寄進状	『高野山文書　続宝簡集』 3、『鎌倉遺文』古文書編34
後伏見天皇奉為伏見天皇第三回忌供養如法経御願文	『願文集』 3、『本朝文集』70

1287（弘安10）年 4月8日	「安養寺安居料田而、限永代奉寄進、所志者、主君御聖霊并二親幽霊為仏果得道」
1296（永仁4）年 2月16日	「為過去幽霊出離生死、頓証菩提乃至法界平等利益也」
1296（永仁4）年 8月18日	「為資代々幽霊之菩提、相副件譲状等五通、限未来際、所令寄進之状如件」
1298（永仁6）年 3月20日	「過去先考幽霊禅閤所修如件」
1298（永仁6）年 6月	「或為現当二世、或為慈父幽霊、以件田畠等、寄進仏餉燈油以来、経年序之処」
1299（永仁7）年 4月5日	「右志当慈父幽霊月忌日、為破偏計所執闇曜依円月絶筆了」
1302（正安4）年 5月24日	「為先考聖霊出生死、亡妻幽霊離苦得楽、（中略）所奉書写如件」
1306（嘉元4）年 7月	「且奉為聖主陛下天地長久、寺院安穏、諸人快楽、且為両子幽霊離業得道、乃至法界平等利益也」
1307（徳治2）年 3月27日	「過去幽霊、超三祇於一念、詣易往之浄刹、証十地於一生、烈塵数聖衆」
1307（徳治2）年 3月28日	「伏テ惟レハ過去先君幽霊、学兼儒釈ヲ、才具文武ヲ」
1307（徳治2）年 5月25日	「且依為 右大将家・二位家御菩提料所、且為訪先師幽霊之菩提等」
1309（延慶2）年 4月28日	「為資幽霊之亡魂、殊致下愚之忠勤者也」
1311（延慶4）年 3月	「云自身之得脱、云幽霊之出離、二人皆勠志、三宝必納受」
1312（応長2）年 2月20日	「過去幽霊頓証菩提、乃至法界平等利益、仍寄進之状如件」
1312（正和1）年 3月23日	「為双親幽霊滅罪生善、出離生死、頓証菩提、自身往生□利、見仏聞法増進仏道」
1314（正和3）年 10月1日	「伏惟、禅定菩薩戒尼幽霊者、蓮府之嫡室、棘署之賢女也」
1316（正和5）年 9月10日	「件餉田者、任顕厳幽霊之遺言、奉寄進彼料所者也」
1318（文保2）年 正月16日	「田地者、祐満相伝之私領也、而為悲母幽霊出離入証、限永代、于御影堂陀羅尼田、所奉寄進也」
1319（元応1）年 8月24日	「資故三品幽霊、必依阿母勤労之旧功、宜預婦女得脱之巨益」

藤原良平施入状	「当院」は成恩院、「厳親」は九条兼実。門葉記74
『吾妻鏡』	将軍藤原頼経願文。「二品禅儀」は北条政子、「三品幽霊」は娘の故竹御所
近衛兼経願文	近衛前博陸千日御講願文。春華秋月抄11、『鎌倉遺文』古文書編9
尾張俊村・同俊秀連署寄進状	尾張宝生院文書、『鎌倉遺文』古文書編9
味部正守田地寄進状案	近江長命寺文書、『鎌倉遺文』古文書編11
一志則友山寄進状	山城宝積寺文書、『鎌倉遺文』古文書編11
地頭某寄進状	丹波観音寺文書、『鎌倉遺文』古文書編14
比丘尼清浄諷誦文	東大寺所蔵倶舎論23論義抄裏文書、『鎌倉遺文』古文書編14
摂津多田荘政所沙弥某禁制状写	「池山」での殺生を禁じる。摂津満願寺文書、『鎌倉遺文』古文書編15
某表白	金沢文庫文書、『鎌倉遺文』古文書編15
諷誦文	北条重時十三回忌のための諷誦文。「幽霊」は北条重時。金沢文庫文書、『鎌倉遺文』古文書編15
現然房理行門弟等連署遺領田地寄進状	「幽霊」は現然房理行。理行の門弟らが水田一段を東大寺大仏殿に寄進。東大寺文書6『大日本古文書』家わけ18、東大寺文書6
日蓮書状	日蓮上人遺文、『鎌倉遺文』古文書編19
明澄田地寄進状	摂津勝尾寺文書、『鎌倉遺文』古文書編20
千葉宗胤（？）寺領寄進状	肥前円通寺文書、『鎌倉遺文』古文書編20
平行政願文	周防守平行政が亡祖父政平の十三回忌に法要を行った際の願文。東京国立博物館文書、『鎌倉遺文』古文書編20
島津久経鋳鐘願文	三国名勝図会、『鎌倉遺文』古文書編20

1238（暦仁1）年 12月14日	「当院者、任厳親先閤之遺誡、為奉資大織冠已後代々之累祖幽霊菩提、迎各々之遠忌、営面々之修善道場也」
1239（延応1）年 8月10日	「二品禅儀（中略）含飴遺徳難忍之故、資三品幽霊之正覚」
1244（寛元2）年 3月2日	「資母儀過去幽霊」
1245（寛元3）年 12月18日	「尾張氏幽霊依無一子、為訪彼後生也」
1256（建長8）年 8月29日	「限永年、所寄進当寺山籠田明白也。是偏為過去幽霊往生極楽証大菩提也」
1257（正嘉1）年 10月10日	「為思先亡後滅幽霊、出離生死、往生極楽、相副紛失状、令寄進之状如件」
1270（文永7）年 10月20日	「訪先考幽霊之菩提」
1271（文永8）年 7月	「幽霊金吾者、昔所歴也」
1273（文永10）閏年 5月22日	「右山者、為満願寺仏前之上、為如法経数部奉納之地、諸人幽霊之墓所也」
1273（文永10）年 11月11日	「為発幽霊之余執、各綴ル諷吟之拙詞、志意懇篤、亡魂歓喜」
1273(文永10)年？	「伏惟、先考禅定幽霊珪璋瑩性」
1275（文永12）年 4月	「照察幽霊素意、速開智恵之眼、宜得解脱之身。仍尽未来際寄進如件」
1280（弘安3）年 8月14日	「先考幽霊生存之時」
1283（弘安6）年 10月28日	「此即為悲母幽霊後（生脱ヵ）菩提也。仍為後日沙汰、寄進之状如件」
1283（弘安6）年 12月28日	「別奉訪常胤以来代々幽霊菩提、惣所令廻向三有法界群萌也」
1284（弘安7）年 3月16日	「有幽霊之息男」
1284（弘安7）閏年 4月3日	「願以今功徳、上至仏界、下及那落、先祖過去幽霊、皆預余薫」

貞慶逆修願文	東大寺文書 2、『鎌倉遺文』古文書編 2
『筆海要津』	『続々群書類従』16
『吾妻鏡』	「幽霊」は故源頼朝
比丘尼某敬白	「幽霊」＝「幽儀」。東大寺所蔵讃仏乗八抄、『鎌倉遺文』古文書編 3
道性願文	東大寺所蔵讃仏乗八抄、『鎌倉遺文』古文書編補遺 1
為亡兄藤原良経五旬修冥福願文	「幽霊」は故藤原良経。『願文集』4。『本朝文集』65
『吾妻鏡』	「幽霊」は故源頼朝。月忌の仏事。
源智造像願文	「幽霊」は故法然。近江玉桂寺阿弥陀立像胎内文書、『日本彫刻史基礎資料集成 鎌倉時代 造像銘記篇』 2
為亡室某氏修冥福諷誦文	『本朝文集』66
行寛敬白	「幽霊」は亡き父と亡き母。高山寺明恵上人行状別記、『鎌倉遺文』古文書編 5
『吾妻鏡』	「幽霊」は故源頼朝と故北条政子
大仏殿灯油田記録状	東大寺文書 21、『大日本古文書』家わけ18
尼妙法願文	山城仁和寺所蔵諸録要勘抄下巻裏文書、『鎌倉遺文』古文書編 6
尼妙法諷誦文	山城仁和寺所蔵諸録要勘抄下巻裏文書、『鎌倉遺文』古文書編 6
僧宗清願文	為亡男某五旬忌修冥福願文。『本朝文集』65、『鎌倉遺文』古文書編 6
宗清願文	為亡男某修冥福願文。『本朝文集』66、『鎌倉遺文』古文書編 6
為亡弟章清周忌修追福願文	「幽霊」は故田中章清。『本朝文集』65
摂津仏光寺供養願文	『願文集』、『鎌倉遺文』古文書編 7

1198（建久9）年4月15日	「今日所修者、所廻向先妣也。幽霊壮歯早世、弟子幼年哭喪、彼独短命也」
12世紀後期～13世紀初頭	「奉書写妙法蓮華経一部八巻、開結等経各一巻、破幽霊手跡和彩箋」
1200（正治2）年正月13日	「伊豆国願成就院北隣者、幽霊在世御亭也」
1202（建仁2）年4月14日	「当于過去幽霊中陰之終、造写供養如斯、伏惟幽儀行年五十七」
1202（建仁2）年8月27日	「任本誓引導幽霊」
1206（元久3）年4月22日	「幽霊已過其恩」「幽霊平生之時、弟子諮問之間」
1209（承元3）年10月13日	「幽霊定証正覚於一時之間、施主又期同居於百年之後給歟」
1212（建暦2）年12月24日	「豈報乎是以造立三尺之弥陀像、欲報先師恩徳、此像中納数万人姓名、是又報幽霊之恩也」
1224（貞応3）年11月20日	「右亡室幽霊、一往之後、再観長空、昼夜咽攀慕之涙、寤寐思追福之勤。仍感生前之昔願、造立観音」
1225（嘉禄1）年8月16日	「亡考亡妣之幽霊」
1227（嘉禄3）年2月19日	「件精舎、本新共以幽霊之御追善也」
1230（寛喜2）年5月9日	「為慈父幽霊往生極楽、証大菩提、所令寄進也」
1232（貞永1）年9月12日	「当寺者幽霊之所仰信也、我等又所仰信也」
1232（貞永1）年9月	「所天禅定幽霊、即世之後十三年、（中略）為報遺恩、立一宇之精舎」
1232（貞永1）年9月20日	「呼嗟我年四十三、受病七十日。幽霊未及丁年而遄死」
1232（貞永1）年12月15日	「我有一面之鏡、已為三代之宝。幽霊若継弟子之跡者、此物可入幽霊之手歟」「幽霊流転之業、共流景而謝尽、幽霊花報之粧、先花春而開敷」
1233（天福1）年7月17日	「奉書写浄土三部経。右為資幽霊之芳魂、染弟子之紫毫」
1236（嘉禎2）年10月	「殊別亡兄右金吾校尉幽霊在世之時」

史料名	備考
唐僧善意大般若波羅蜜多経奥書願文	「幽霊」は玄昉の死霊。根津美術館所蔵。是澤恭三『写経』
『政事要略』22「年中行事八月上（北野天神会）」	醍醐天皇が故菅原道真に正二位を追贈
重明親王為家室四十九日御願文	『本朝文粋』14
為亡息澄明四十九日願文	『本朝文粋』14
為大納言藤原卿息女女御四十九日願文	『本朝文粋』14
為左大臣供養浄妙寺願文	『本朝文粋』13。藤原道長は浄妙寺を建立し祖先の菩提を祈る場とした
為亡息女東宮妃周忌願文	『本朝続文粋』13
『中右記』	12月4日は藤原道長の忌日
『江都督願文集』「奨学院」	
供養成楽院西御堂願文并諷誦文	『台記別記』4、『本朝文集』55
『兵範記』	「幽霊」は藤原忠通の母、故源師子の霊
後白河院庁下文	大谷大学所蔵文書、『平安遺文』古文書編7
『兵範記』	「幽霊」は『兵範記』著者平信範の妻、故藤原能忠の女
高野往生院心覚阿闍梨追善願文	『表白集』
『北院御室拾要集』	『続群書類従』28下
藤原氏於嵯峨修善為二親	『願文集』
『吾妻鏡』	「幽霊」は源頼朝の弟故希義の死体、または故希義
『吾妻鏡』	「幽霊」は故源義高（源義仲息）

古文書・古記録の幽霊一覧

年月日	内容
747（天平19）年 11月7日	「今縦粉身砕骨、以酬恩徳、無過罄用私財、依憑般若、故今繕写、奉翊幽霊、因此勝因、果成妙果」
923（延喜23）年 4月20日	「贈本職、兼増一階。爰示旧意、以慰幽霊」
945（天慶8）年 3月5日	「以此恵業、訪彼幽霊」
950（天暦4）年 9月4日	「於仙遊道場、敬展講筵、功徳多少、摠導幽霊」
985（寛和1）年 月未詳2日	「弟子早引幽霊、偏在極楽弥陀尊之設蓮台望上品」
1005（寛弘2）年 10月19日	「天神地祇、及茲山幽霊善神等、被如来之衣、著菩薩之座」
1063（康平6）年 6月12日	「於禅林之道場、敬展法席而供養、（中略）所行恵業、併資幽霊」
1089（寛治3）年 12月4日	「参御堂、（中略）毎年今日可念誦、是為本願幽霊成道也」
1110（天仁3）年 7月	「以此功徳資彼幽霊」
1149（久安5）年 10月25日	「伏惟、幽霊禅定大夫、出彼蓮府之深奥」「幽霊之成道無疑」
1149（久安5）年 10月25日	「千手一体安置北間、件像又去春中陰之間、奉為彼幽霊被供養仏也」
1160（永暦1）年 5月5日	「早任多年領掌之理、被止当時之無道、登霞累祖往日幽霊、冥途之資粮忽失、覚道之善根欲絶」
1170（嘉応2）年 6月22日	「入道生年八十二、幽霊五十七、今老少不定世常、無上弥可為前後悲者歟」
1180（治承4）年 8月10日	「先師幽霊悟兼顕密、忌（忘ヵ）名利」「幽霊又於弟子殊致尊師之懇儀」
1180（治承4）年	「真言行者、朝祈金倫聖主宝寿長遠、夕思親疎幽霊抜苦与楽可修行法也」
1183（寿永2）年	「幽霊若有須臾離傍之日、弟子不堪三秋相隔之心」
1185（元暦2）年 3月27日	「取幽霊鬢髪、今度則懸頸所参向也」
1194（建久5）閏年 8月8日	「仏経讃嘆之後、述幽霊往時等、聴衆皆随喜、嗚咽拭悲涙云々」

小山聡子（こやま・さとこ）

1976年茨城県生まれ．98年筑波大学第二学群日本語・日本文化学類卒業．2003年同大学大学院博士課程歴史・人類学研究科修了．博士（学術）．現在，二松学舎大学文学部教授．専門は日本宗教史．

著書『護法童子信仰の研究』自照社出版，2003年
『親鸞の信仰と呪術―病気治療と臨終行儀』吉川弘文館，2013年
『浄土真宗とは何か―親鸞の教えとその系譜』中公新書，2017年
『往生際の日本史―人はいかに死を迎えてきたのか』春秋社，2019年
『幽霊の歴史文化学』（共編著）思文閣出版，2019年
『前近代日本の病気治療と呪術』（編著）思文閣出版，2020年
ほか

もののけの日本史《にほんし》
中公新書 *2619*

2020年11月25日初版
2021年8月30日3版

著者 小山聡子
発行者 松田陽三

本文印刷 暁印刷
カバー印刷 大熊整美堂
製本 小泉製本

発行所 中央公論新社
〒100-8152
東京都千代田区大手町1-7-1
電話 販売 03-5299-1730
編集 03-5299-1830
URL http://www.chuko.co.jp/

Published by CHUOKORON-SHINSHA, INC.
Printed in Japan ISBN978-4-12-102619-4 C1221

日本史

d1

- 2189 歴史の愉しみ方 磯田道史
- 2455 日本史の内幕 磯田道史
- 2295 天災から日本史を読みなおす 磯田道史
- 2579 米の日本史 佐藤洋一郎
- 2389 通貨の日本史 高木久史
- 2321 道路の日本史 武部健一
- 2494 温泉の日本史 石川理夫
- 2500 日本史の論点 中公新書編集部編
- 1617 歴代天皇総覧（増補版） 笠原英彦
- 2302 日本人にとって聖なるものとは何か 上野誠
- 2619 もののけの日本史 小山聡子
- 1928 物語 京都の歴史 脇田修 脇田晴子
- 2345 京都の神社と祭り 本多健一
- 482 倭国 岡田英弘
- 147 騎馬民族国家（改版） 江上波夫

- 2164 魏志倭人伝の謎を解く 渡邉義浩
- 1085 古代朝鮮と倭族 鳥越憲三郎
- 2533 古代日中関係史 河上麻由子
- 2470 倭の五王 河内春人
- 2462 大嘗祭―天皇制と日本文化の源流 工藤隆
- 1878 古事記の起源 工藤隆
- 2095 『古事記』神話の謎を解く 西條勉
- 804 蝦夷《えみし》 高橋崇
- 1041 蝦夷《えみし》の末裔 高橋崇
- 1622 奥州藤原氏 高橋崇
- 1293 壬申の乱 遠山美都男
- 2636 古代日本の官僚 虎尾達哉
- 1568 天皇誕生 遠山美都男
- 2371 カラー版 古代飛鳥を歩く 千田稔
- 2168 飛鳥の木簡―古代史の新たな解明 市大樹
- 2353 蘇我氏―古代豪族の興亡 倉本一宏
- 2464 藤原氏―権力中枢の一族 倉本一宏

- 2362 六国史《りっこくし》―日本書紀に始まる古代の「正史」 遠藤慶太
- 1502 日本書紀の謎を解く 森博達
- 2563 持統天皇 瀧浪貞子
- 2457 光明皇后 瀧浪貞子
- 2648 藤原仲麻呂 仁藤敦史
- 1967 正倉院 杉本一樹
- 2452 斎宮―伊勢斎王たちの生きた古代史 榎村寛之
- 2441 大伴家持 藤井一二
- 2510 公卿《くぎょう》会議―論戦する宮廷貴族たち 美川圭
- 2536 天皇の装束 近藤好和
- 2559 菅原道真 滝川幸司
- 2281 怨霊とは何か 山田雄司
- 2127 河内源氏 元木泰雄
- 2573 公家源氏―王権を支えた名族 倉本一宏
- 1867 院政（増補版） 美川圭
- 2654 日本の先史時代 藤尾慎一郎
- 2655 刀伊の入寇 関幸彦